Praxis Impulse

Susanne Niemeier, Kathrin Urban

Frühbeginn Englisch

Hintergründe, Inhalte und Methoden

westermann®

Druck A[1] / Jahr 2010

Lektorat: Elizabeth Hine
Umschlaggestaltung: Dörte Hinrichs
Herstellung und Satz: PER Medien+Marketing GmbH, Braunschweig
Illustrationen: Dörte Hinrichs
Druck und Bindung: westermann druck GmbH, Braunschweig

ISBN 978-3-14-**163057**-2

Inhalt

Einleitung ... 5

1. Hintergründe ... 7

2. Lernziele ... 12
- 2.1 The Four Skills ... 12
  - 2.1.1 Hören ... 12
  - 2.1.2 Sprechen ... 14
  - 2.1.3 Lesen und Schreiben ... 15
- 2.2 Lernbereiche ... 17
  - 2.2.1 Sprachbewusstheit ... 17
  - 2.2.2 Vokabular ... 21
  - 2.2.3 Grammatik ... 24
  - 2.2.4 Kommunikative Kompetenz ... 28

3. Fehler und Bewertung ... 31

4. Praxisteil mit Kopiervorlagen ... 35
- 4.1 Einsatz des Schriftbildes ... 35
- 4.2 Methoden ... 36
  - 4.2.1 Storytelling ... 36
  - 4.2.2 Dialoge und Rollenspiele ... 42
  - 4.2.3 Songs, Chants and Action Rhymes ... 44
  - 4.2.4 Spiele ... 45
- Kopiervorlagen ... 49

5. Integration der Fremdsprache in andere Unterrichtsfächer ... 100

6. First steps – die allererste Englischstunde ... 101

7. Weiterführende Literatur ... 103

Kopiervorlagenverzeichnis

Kopiervorlage 1: Schlangen-S und Bienen-S 49
Kopiervorlage 2a – b: Scat the cat 50
Kopiervorlage 3a – c: The Frog Family 52
Kopiervorlage 4: The Three Little Pigs 55
Kopiervorlage 5a – d: Tommy is bored. 56
Kopiervorlage 6a – d: At the doctor's. 60
Kopiervorlage 7a – f: We go shopping 64
Kopiervorlage 8a – e: Asking for information 70
Kopiervorlage 9: Good morning song. 75
Kopiervorlage 10: Happy birthday 76
Kopiervorlage 11: Ten little Leos. 77
Kopiervorlage 12: Old Mac Donald 78
Kopiervorlage 13: Eencey weencey spider 79
Kopiervorlage 14: Five kittens in a row 80
Kopiervorlage 15a – e: Fruit 81
Kopiervorlage 16a – c: Paarspiel 86
Kopiervorlage 17a – b: Domino 89
Kopiervorlage 18: Bingo. 91
Kopiervorlage 19a – c: Monsters 92
Kopiervorlage 20a – e: Numbers 95

Einleitung

Stellen Sie sich folgendes Szenario vor: Sie betreten einen Klassenraum mit Ihnen unbekannten Schülerinnen und Schülern einer ersten Klasse. Sie setzen sich unauffällig in eine Ecke des Klassenzimmers und beobachten den Unterricht. Die Lehrkraft betritt den Raum, begrüßt die Kinder auf Englisch und wird fröhlich und lautstark zurückgegrüßt. Sie fragt ein Kind nach seinem Befinden *"How are you today, Peter?"* und Peter antwortet *"I feel great"*, woraufhin er gebeten wird, einem anderen Kind dieselbe Frage zu stellen. Als jedes Kind geantwortet und nachfolgend auch selbst ein weiteres Kind gefragt hat und somit jedes einzelne Kind sich bereits der englischen Sprache bedient hat, schlägt die Lehrkraft vor, ein gemeinsames Lied zu singen *"Shall we sing our song?"*. Die Kinder freuen sich hörbar und singen dann begleitet von einer Karaoke-Melodie den *Colour Song*. Begeistert machen sie mit, zeigen passend zum Liedtext die Farben ihrer Kleidung und drehen sich. Die Lehrkraft greift nach dem Lied die Farbbegriffe erneut auf und lässt Farben im Raum suchen und benennen, wobei die Kinder sich nach den ersten Frage-Antwort-Wechseln untereinander selbst befragen. Danach geht es in den Sitzkreis und die Schülerinnen und Schüler dürfen eigens dafür vorbereitete farbige Kästen öffnen und hineinschauen.

In den fünf Kästen befinden sich *flashcards* mit Tierbildern – die englischen Begriffe für diese Tiere sind das Lernziel dieser Stunde. Die Lehrkraft spricht den jeweiligen Tiernamen aus, die Schülerinnen und Schüler wiederholen im Chor, dann einzeln in kleinen Sätzen. Danach werden die neuen Begriffe im Spiel eingeübt, wobei jeweils ein Kind die Klasse verlässt, die Mitschülerinnen und -schüler eine Bildkarte verstecken, das Kind wieder hereinrufen und dieses die Karte erraten und finden muss. Auf diese Weise wiederholt jedes Kind das neue Wort etliche Male und übt so die Aussprache ein. Nach dem Spiel verbleiben die Schülerinnen und Schüler im Sitzkreis und erleben ein *storytelling*, in dem die fünf Tiere vorkommen, deren Benennungen zuvor eingeübt wurden. Die Lehrperson erzählt mit viel Mimik, Gestik und Stimm-Modulation die Geschichte, wie ein Hamster einen Freund sucht und zunächst überall abgewiesen wird. Die Kinder folgen der Geschichte gebannt, sie nehmen bereits beim ersten Durchgang gewisse wiederkehrende Redewendungen auf und sprechen sie mit: *"Do you want to be my friend?"* – *"Oh no, go away!"*. Danach wird die Geschichte von den Schülerinnen und Schülern auf Deutsch zusammengefasst und besprochen. An dieser Stelle wird dann zum ersten Mal nach 40 Minuten englischem Sprachbad die deutsche Sprache eingesetzt.

Wenn Sie jetzt raten müssten, wie lange die Kinder bereits Englischunterricht erhalten, würden Sie vermutlich denken, dass es sich allerhöchstens um das Ende des ersten Schuljahres handeln kann, eher aber um ein späteres Schuljahr. Falls es tatsächlich ein erstes Schuljahr sein sollte, wäre das schon sehr erstaunlich.
Es kommt aber noch viel erstaunlicher: die Kinder lernen erst seit zehn Wochen Englisch und haben nie zuvor ein *storytelling* erlebt! Trotzdem halten sie Verstehenslücken aus, gehen begeistert im Unterricht mit und besitzen schon einen durchaus großen Wortschatz sowie sprachliche Versatzstücke, die sie auch gern und oft anwenden.

Dieses Praxisbeispiel hat tatsächlich so stattgefunden und soll vor allem eines illustrieren: der Frühbeginn mit Englisch funktioniert überraschend gut. Es gibt gewichtige psycholinguistische, lernpsychologische und pädagogische Gründe dafür, mit der ersten Fremdsprache früh anzufangen. In zwei Bundesländern (Baden-Württemberg und Rheinland-Pfalz) beginnt der Englischunterricht bereits seit einiger Zeit in Klasse 1, in Nordrhein-Westfalen ist dies seit Februar 2009 der Fall und es ist mit Sicherheit davon auszugehen, dass weitere Bundesländer nachfolgen werden.

Die vorliegende Veröffentlichung möchte eine Hilfestellung für Lehrkräfte bieten, die Englisch ab Klasse 1 bereits unterrichten oder zukünftig unterrichten werden. Zu diesem Zweck werden zunächst im ersten Teil des Buches Hintergründe und Begründungen für den Frühbeginn dargestellt, insbesondere werden kurz die historische Entwicklung des frühbeginnenden Fremdsprachenunterrichts im deutschen sowie im europäischen Raum nachvollzogen sowie Erkenntnisse aus der neurophysiologischen, psycholinguistischen und lernpsychologischen Forschung herangezogen, die das Erfolgspotenzial des Frühbeginns erklären helfen.

Der zweite Teil des Buches widmet sich den Lernzielen des frühbeginnenden Englischunterrichts – was kann man überhaupt realistisch erwarten und erreichen und warum? Hier wird es zum einen um die *four skills* (Hören, Sprechen, Lesen, Schreiben) sowie deren Reihenfolge und Gewichtung gehen, aber auch um die Lernbereiche der Sprachbewusstheit und der interkulturellen Bewusstheit, des Vokabulars, der Grammatik sowie der kommunikativen Kompetenz. Da alle diese Bereiche ergebnisorientiert ausgerichtet sind, folgt eine Reflexion des Fehlerbegriffes und der Bewertbarkeit.

Diesen eher theoretisch orientierten Teilen folgt ein ausführlicher Praxisteil über verschiedene Unterrichtsmethoden wie *storytelling*, Rollenspiele, *action rhymes, chants and songs*, Spiele und Weiteres, der Anleitungen für Ihren Unterricht bietet und zu allen Themen Kopiervorlagen enthält. Im Sinne des fächerübergreifenden, integrativen Unterrichts wird zudem Bezug genommen auf Integrationsmöglichkeiten in andere Unterrichtsfächer. Eine Integration ist besonders für den Englischunterricht in der ersten Klasse sehr wichtig, da die Kinder aus lernpsychologischen Gründen zumeist noch nicht in der Lage sind, sich eine ganze Schulstunde lang ausschließlich auf das Englische zu konzentrieren (das Eingangsbeispiel belegt allerdings, dass dieses ab und an durchaus trotzdem glücken kann), sondern einen kleinschrittigen Unterricht mit häufigen Methoden- und auch Sprachwechseln benötigen. Hier bietet sich eine Integration in andere Fächer förmlich an (Näheres zu Integrationsmöglichkeiten ab S. 101). Dem Praxisteil angegliedert sind schließlich konkrete Hinweise und Vorschläge, wie die allerersten Unterrichtsstunden, die in nicht unerheblichem Maße für die Einstellung der Schülerinnen und Schüler zum Fach Englisch verantwortlich sind, gestaltet werden können.

Dieses Buch kann, muss aber nicht chronologisch benutzt werden. Wenn Sie vor allem an praktischen Hinweisen interessiert sind, können Sie ohne große Vorreden direkt zum Praxisteil greifen. Sollten Sie dabei Hintergrundinformationen zu bestimmten praktischen Themen benötigen, können Sie durch die überall vorhandenen Querverweise jederzeit gezielte Informationen aus dem Theorieteil nachlesen. Unser Wunsch und Ziel ist es, mit dieser Veröffentlichung den für viele Lehrkräfte neuen Frühbeginn des Englischunterrichts in der 1. Klasse zu vereinfachen und zugänglich zu machen, ohne dass ein Studium relevanter wissenschaftlicher Literatur nötig wird. Der Schwerpunkt liegt eindeutig auf den praktischen Beispielen, deren Einsatz jedoch nachvollziehbar erklärt wird. Wir hoffen, dass unsere Erfahrungen im Bereich des Frühbeginns Englisch möglichst vielen Grundschullehrkräften zugute kommen, ihnen die Planung ihres Unterrichts erleichtern und dass sie insgesamt den Unterricht für alle Beteiligten noch erfolgreicher und spannender werden lassen.

Hintergründe

1

Englisch in der Grundschule ist keine Erfindung der Neuzeit. Erste Ideen zum Fremdsprachenfrühbeginn gehen weit in die Geschichte zurück (besonders bekannte Vertreter sind Philosophen wie Rousseau und Locke oder Pädagogen wie Pestalozzi), ihre Umsetzung in den staatlichen Schulen jedoch nicht. Eine Ausnahme bilden die Freien Waldorfschulen, an denen schon seit 1919 Englisch/Französisch ab der 1. bzw. 2. Klasse gelehrt wird.

In Deutschland gab es in den 1960er und 1970er Jahren erste Versuchsreihen mit Frühenglisch, bei denen jedoch ein anderer Schwerpunkt als heute vorherrschte, da fast ausschließlich der Aufbau sowie die Verbesserung der fremdsprachlichen Kompetenz angestrebt wurde. Andere Lernziele wie z. B. Toleranz, Fremdverstehen, Relativierung und Erweiterung des kindlichen Weltbildes waren zweitrangig, stehen heute aber im Mittelpunkt.

Als Begründung für den frühen Fremdsprachenbeginn wurden damals insbesondere psycholinguistische Forschungen zur sogenannten *critical age hypothesis* (auch *critical period hypothesis* oder *window of opportunity* genannt) mit einbezogen, die auf der Folgeseite näher erläutert werden. Die damaligen Versuche wurden zwar wissenschaftlich begleitet und ausgewertet, hatten aber keinerlei bildungspolitische Folgen.

Erst in den 1990er Jahren wurde die Diskussion um den Frühbeginn Englisch wieder aufgenommen. Die Gründe dafür waren vorwiegend politischer Art: durch die Einführung des Europäischen Binnenmarkts als Vorläufer der EU sowie auch durch den Mauerfall bedingt erwuchs ein zunehmendes Interesse an Globalisierung und kultureller Vielfalt. Erziehung zur Mehrsprachigkeit wurde zum wichtigen bildungspolitischen Thema, nicht nur in Bezug auf das Grundschulenglisch, sondern z. B. auch in Bezug auf bilinguale Schulmodelle. Jeder europäische Bürger soll mindestens dreisprachig sein – um dieser EU-Forderung zu genügen, muss früh mit der ersten Fremdsprache begonnen werden, damit im späteren Verlauf der Schullaufbahn in allen Schulformen noch genügend Raum für mindestens eine zweite Fremdsprache bleibt.

Diese Forderung nach Mehrsprachigkeit bezieht sich zwar nicht explizit auf das Englische, aber durch den universellen Status des Englischen und dadurch bedingt auch durch seine wirtschaftliche Bedeutung wurde es von der großen Mehrheit der Schulen als erste Fremdsprache gewählt. Im Mai 1994 führten erstmalig sechs Bundesländer den Fremdsprachenunterricht ab der 3. Klasse Grundschule verpflichtend ein (Hamburg, Hessen, Rheinland-Pfalz, Saarland, Sachsen, Thüringen). Nordrhein-Westfalen ging zunächst einen anderen Weg, indem es keine bestimmte Sprache vorschrieb, sondern einem „Begegnungssprachenkonzept“ anhing, egal um welche Fremdsprache es sich handelte. Mittlerweile hat aber auch Nordrhein-Westfalen den Englischunterricht in der Grundschule verpflichtend gemacht. Auch alle weiteren Bundesländer haben sich angeschlossen. Die meisten Bundesländer führen Englisch (manche Bundesländer auch Französisch oder andere grenznahe Fremdsprachen) ab der 3. Klasse ein, Baden-Württemberg und Rheinland-Pfalz sowie seit Februar 2009 auch Nordrhein-Westfalen schon ab der 1. Klasse, wobei in allen Fällen das angestrebte Kompetenzniveau beim Übergang in die Sekundarstufe das Niveau A1 (*Breakthrough*) des „Allgemeinen Europäischen Referenzrahmens für Sprachen“ ist. Inzwischen gibt es sogar interessante und positive evaluierte Versuchsergebnisse aus Fremdsprachenprojekten in Kindergärten (vgl. z. B. Rohde 2001). In anderen europäischen Ländern wurden solche Modelle längst verwirklicht.

Im europäischen Vergleich gesehen hinkt Deutschland deutlich hinterher, denn in den meisten europäischen Ländern findet schon sehr viel länger früher Fremdsprachenunterricht statt: So führte Schweden den Fremdsprachenunterricht in der Grundschule schon 1972 flächendeckend ein, Norwegen und Finnland folgten, Ungarn stieg 1978 ein, Österreich 1983, Italien 1992, Spanien 1993, Frankreich 1995. Hier ist Deutschland also in keinem Fall „Vorreiter“.

Es gibt etliche Gründe, die für einen frühen Beginn des Fremdsprachenlernens sprechen. Wir erwähnten bereits die *critical age hypothesis*. Diese wurde für den Erstspracherwerb entwickelt und besagt in Kurzform, dass der Mensch ein angeborenes Spracherwerbsmodul im Hirn hat (diese Hypothese wurde durch den Linguisten Noam Chomsky populär gemacht, der dieses hypothetische Spracherwerbsmodul „LAD“ = *language acquisition device* genannt hat). Dieses Modul soll für den normalerweise reibungslos funktionierenden und nur auf Input beruhenden *Erst*spracherwerb zuständig sein, sei aber nur bis ungefähr zur Pubertät „ansprechbar“, danach nicht mehr.

Aus dieser Theorie erwuchs die Idee, das Zeitfenster vor der Pubertät für den frühen Fremdsprachenerwerb auszunutzen, da man davon ausging, dass das Fremdsprachenlernen dann mühelos und dem Muttersprachenerwerb ähnlich erfolgen würde, während es im damals üblichen Alter des Fremdsprachenbeginns mit 10 oder 11 Jahren deutlich schwieriger würde. Die Erkenntnisse zur *critical age hypothesis* wurden allerdings nachfolgend relativiert, da sich herausstellte, dass sie zwar für die Aussprache zuzutreffen schienen, aber z. B. nicht für den Erwerb der Syntax.

Hat man früher, wie oben beschrieben, die *critical age hypothesis* als Erklärungs- und Begründungshilfe für die Einführung des Frühbeginns herangezogen, lehnt man diese Hypothese heute mehr und mehr ab und zieht stattdessen neurologisch-physiologische Gründe für die Wichtigkeit und Effizienz des Früherwerbs einer Fremdsprache heran: erst in der Pubertät setzt die Lateralisierung des Hirns ein, d. h. die Ausformung der Spezialisierung der beiden Hirnhälften (grob gesagt sitzen bei den meisten Erwachsenen die Sprache links und die Emotionen rechts).

Zwischen den beiden Hemisphären befindet sich das sogenannte *Corpus Callosum*, im Deutschen „Balken“ genannt. Es ist vergleichbar mit einer Schwelle, die wie ein Engpass die Verbindung zwischen den Hirnhälften reguliert. Je durchlässiger dieser „Balken“ ist, desto schneller ist die Verbindung zwischen den beiden Hemisphären. Diese Schwelle ist im vorpubertären Alter noch nicht ausgeprägt und beeinflusst deshalb auch noch nicht die Verarbeitungsgeschwindigkeit von (z. B.) vernetzten Gedanken. Dementsprechend ist die Verbindung zwischen den beiden Hirnhälften im vorpubertären Alter schneller und eine Vernetzung zwischen Sprache und Emotion/Bewegung/Spaß, die später immer schwieriger wird, ist bei Kindern im Grundschulalter im allgemeinen problemlos möglich. Bei Frauen ist das *Corpus Callosum* durchlässiger als bei Männern, was als Begründung dafür gesehen werden kann, dass es ihnen leichter fällt, über Emotionen zu sprechen – sprich: von einer Hirnhälfte in die andere zu wechseln –, während Männer eher in einer Hirnhälfte bleiben und darum meist besser sachlich argumentieren können. Dieses gilt jedoch noch nicht für Kinder im Grundschulalter, da die Hirnhälften eben noch nicht spezialisiert sind.

Bis zur Pubertät arbeitet das Hirn also im Wesentlichen ganzheitlich, so dass insbesondere die Imitationsfähigkeit von Kindern stärker ausgeprägt ist als von Erwachsenen. Diese Imitationsfähigkeit ist vor allem dem Erwerb einer muttersprachenähnlichen Aussprache des Englischen enorm zuträglich, da die Hirnhälften quasi durchlässig sind und nicht erst eine Verbindung zwischen ihnen hergestellt werden muss.

Was im kindlichen Hirn hingegen noch nicht so ausgeprägt ist, ist das logische, strategische Denken, das auch die Entwicklung allgemeiner Lernstrategien begünstigt und z. B. das Erlernen von Grammatik erleichtert. Deshalb ist das Grundschulenglisch relativ frei von expliziter Grammatik-Instruktion (mehr dazu ab S. 24), da diese in der Regel erst in der Sekundarstufe, also während und nach der Pubertät, für das Hirn wirklich zu verarbeiten ist. Grammatik wird zwar im Frühbeginn Englisch nicht ausgeschlossen, sie wird aber insgesamt in der Grundschule nur implizit mit einbezogen und die Systematisierung findet dann später statt, wenn die hirnphysiologischen Voraussetzungen dafür gegeben sind und wenn sich im Laufe des neurobiologischen Entwicklungsprozesses generellere Lernstrategien und allgemeine kognitive Fähigkeiten herausgebildet haben.

In der Grundschule empfiehlt sich stattdessen ein spielerisch und ganzheitlich und insofern altersgerecht angelegter Unterricht, da Verknüpfungen im noch nicht lateralisierten kindlichen Hirn sehr einfach angelegt werden können. Aus diesen Gründen kann im Grundschulalter die Sprache dann beispielsweise leicht mit Bildern, Bewegungen, Tätigkeiten oder Musik verbunden werden (vgl. auch Kapitel 4.2, ‚Methoden‘) – diese Verbindungen erleichtern und beschleunigen dann auch den späteren Abruf der fremdsprachlichen Begriffe und Versatzstücke (sogenannte *chunks*, darauf kommen wir später noch genauer zurück). Dies alles ist dem Ablauf des Erstspracherwerbs nicht unähnlich.

Kann man daraus eine Überlegenheit von Frühbeginnern gegenüber Spätbeginnern einer Fremdsprache ableiten? Diese Forschungsfrage wird nach wie vor heftig diskutiert und bis heute liegen keine einheitlichen Forschungsergebnisse vor. Wenn man gründlich sucht, findet man Argumente und Forschungsergebnisse für beide Positionen, je nachdem, welcher Einzelaspekt untersucht wurde. Es scheint sich jedoch insgesamt herauszukristallisieren, dass man in der Tat eine Überlegenheit von Frühbeginnern annehmen kann, insofern wollen wir uns hier pragmatisch auf die Einsicht von Singleton & Ryan (2004) stützen, dass Erwachsene zwar schnellere Fortschritte machen, aber dass Kinder ihnen auf lange Sicht überlegen sind. Mit anderen Worten: Erwachsene starten schneller und werden dann langsamer im Lernen, bei Kindern ist es genau umgekehrt. Diesem Argument sollte der Grundschulunterricht Englisch Rechnung tragen, indem langsam und spielerisch vorgegangen wird und indem weitestgehend auf formale Leistungskontrollen verzichtet wird.

Wenn auch die Überlegenheit von Frühbeginnern nicht auf allen Gebieten nachgewiesen werden konnte, so scheint sie jedoch in Bezug auf die Aussprache gesichert zu sein. Kinder besitzen eine bessere Diskriminationsfähigkeit (d. h. sie können Laute besser hören und unterscheiden) und eine bessere Imitationsfähigkeit (d. h. sie haben weniger Probleme, die Aussprache der Lehrperson besser und korrekter zu wiederholen) als Erwachsene.

Zusammenfassend lässt sich also sagen, dass weitestgehende Einigkeit darüber herrscht, dass das Grundschulalter (sowie auch das Vorschulalter) sich hervorragend für einen ersten Einstieg ins Fremdsprachenlernen eignet. Insbesondere wenn man bedenkt, dass ein Grossteil der Kinder dieser Welt ohnehin mit mehr als einer Sprache aufwächst, ist Mehrsprachigkeit bzw. der mehrsprachige Spracherwerb ohnehin als ein recht natürliches Ereignis anzusehen. Wenn man früh beginnt – wenn auch etwas langsamer – kommt man insgesamt weiter. Frühbeginn also ja, auf jeden Fall – es gibt überzeugende psycho- und neurolinguistische Begründungen dafür.

Ebenso ist es eine wissenschaftlich belegte Forderung, dass so früh wie möglich mit der Fremdsprache begonnen werden sollte. Kinder aus bilingualen Familien erleben eine solche Situation oft automatisch, allen anderen Kindern sollte sie verfügbar gemacht werden, um das vorhandene Spracherwerbspotenzial so gut wie nur möglich zu nutzen. Auch der Kindergarten wäre bereits ein geeigneter Ort dafür, hier gibt es jedoch strukturelle und bildungspolitische Barrieren. Trotzdem gibt es eine zunehmende Anzahl an Kindergärten zu verzeichnen, in denen es auf freiwilliger Basis sowie im Rahmen universitärer Forschungsprogramme ein Fremdsprachenangebot gibt.

Was wollen wir also erreichen mit dem früh einsetzenden Fremdsprachenunterricht? Ausgehend von obigen Überlegungen ist anzunehmen, dass ein früher Fremdsprachenunterricht im Endeffekt den Schülerinnen und Schülern eine erhöhte Fremdsprachenkompetenz vermittelt. Diese schließt die Erweckung interkultureller Bewusstheit ein – nicht nur in Bezug auf die zu erwerbende Fremdsprache und deren Kultur/en, sondern auf Fremdkulturen im allgemeinen und kann somit auch zu einer höheren interkulturellen Toleranz führen.

Im Folgenden soll kurz erläutert werden, was unter Sprachkompetenz zu verstehen ist. Das Grundschulenglisch spielt bei deren Aufbau in der Tat eine „tragende Rolle", da es die Grundlage für den gesamten nachfolgenden Prozess der Fremdsprachenaneignung (d. h. auch für weitere Fremdsprachen) darstellt. Um in der Metapher zu bleiben: das Grundschulenglisch bildet das wichtige und unverzichtbare Fundament für alles, was danach an Fremdsprachenausbildung folgt.

Was kann man sich in diesem Zusammenhang unter „Fundament" vorstellen? Wenn man ein Haus baut, kümmert man sich logischerweise zunächst um das Fundament. Ohne ordentliches Fundament wird das Haus wacklig, vielleicht nicht sofort, aber definitiv nach einiger Zeit. Ohne vernünftiges Fundament gibt es auf Dauer also kein vernünftiges Endprodukt. Genauso verhält es sich mit der Fremdsprache: nur wenn die Grundlagen vernünftig angelegt sind, wird das „Endprodukt", gern auch als *near-native-speaker*-Kompetenz bezeichnet, überhaupt erst möglich. Wird dieses Fundament gut angelegt, dann lässt sich darauf auch gut weiter aufbauen.

Wird es vernachlässigt, sind spätere Probleme absehbar. Man kann schließlich schlecht Steine auf eine Mauer aufsetzen, in deren letzter oder vorletzter Reihe noch Steine fehlen, d.h. die Lücken aufweist, denn dann ist die Mauer einsturzgefährdet.

Auch dieses Szenario lässt sich direkt auf den Fremdsprachenerwerb übertragen: Wenn Lücken in den jeweiligen individuellen Sprachkonstrukten der Lerner vorhanden sind, müssen diese erst „gefüllt“ werden, bevor das Sprachkonstrukt weiter ausgebaut werden kann. Dieses Sprachkonstrukt wird als *interlanguage* jedes einzelnen Lerners bezeichnet. Die jeweilige individuelle *interlanguage* des Fremdsprachenlerners wird dabei verstanden als ein Punkt auf einem Kontinuum zwischen der Nicht-Beherrschung einer Sprache und deren perfekter muttersprachengleicher Beherrschung. Es ist ein volatiles, veränderbares und dynamisches System, bei dem durch den Input (vor allem der Lehrperson, aber auch durch die Mitschülerinnen und -schüler und andere Quellen) ein Hypothesenaufbau angeregt wird. Ein Lernender bildet Hypothesen zur Sprachbenutzung auf allen Ebenen (Aussprache, Wortwahl, Grammatik, Pragmatik) und probiert diese Hypothesen dann aus. Aufgrund der Reaktion der Lehrperson wird eine Hypothese dann entweder verifiziert (und ist dann „gelernt“) oder falsifiziert (und wird dann verworfen, um eine neue Hypothese zu bilden und diese erneut auszuprobieren).

Sehr wenig hilfreich ist dabei das Fehlen eines Feedbacks der Lehrperson, denn abgesehen von der Unsicherheit, die der Lernende dadurch empfinden mag, verhindert mangelndes Feedback einerseits Lernen – da keine Verifizierung stattfindet – und andererseits kann sich dabei auf Dauer Falsches einprägen und festsetzen, da es nie korrigiert wurde (zu Fragen der Korrektur vgl. auch Kapitel 3, S. 31 ff.). Solche Fehler „fossilisieren“ und sind kaum noch korrigierbar, da sie ja nicht mehr den Status einer Hypothese besitzen. Benutzt z. B. ein Kind beständig einen stimmlosen Auslaut in einem englischen Wort wie *dog* (d.h. spricht es aus wie *dock*) und wird nicht korrigiert, wird sich dieser Fehler – der erklärbar ist aus der deutschen Auslautverhärtung, woraus die Schülerin / der Schüler dementsprechend die Hypothese abgeleitet hat, dass das Englische hier so wie das Deutsche verfährt – nach einiger Zeit festsetzen.

Dementsprechend gilt, dass man mögliche vorherige Lücken füllen muss, sonst kann man die *interlanguage* der Schülerinnen und Schüler nicht weiter ausbauen, ohne dass diese an einem bestimmten Punkt brüchig wird. Man kann z. B. das Konditional nicht bilden, wenn man nicht zuvor verstanden hat, was modale Hilfsverben sind oder wie man im Englischen überhaupt einen Satz konstruiert. Man kann keine Beschreibung wie *This is a red ball* formulieren, wenn man die Farbbegriffe nicht kennt und/oder das Adjektiv nicht korrekt mit dem Nomen verbinden kann.

An diesen wenigen Beispielen sollte bereits deutlich geworden sein, wie groß die Verantwortung einer Fremdsprachenlehrkraft in der Grundschule ist – sie ist nicht nur zuständig für die Vermittlung der korrekten Aussprache und dient nicht nur als zu imitierendes „Sprachmodell“, sondern sie ist darüber hinaus auch für die Lernprozesse der Schülerinnen und Schüler zuständig (d.h. die Entwicklung der jeweiligen *interlanguages*), für verständnisvoll vermittelte Einsichten in die Fremdkultur/en und das sich anbahnende „Fremdverstehen“ sowie ebenfalls für eine positive Grundhaltung der Schülerinnen und Schüler zum Fremdsprachenlernen überhaupt.

Das klingt anstrengend, was es natürlich manchmal auch sein mag, aber auf der anderen Seite bringen die Kinder oft bereits so viel an positiven Voraussetzungen mit, dass diese nur noch in die richtigen Bahnen gelenkt werden müssen. Unserer Erfahrung nach stehen Kinder der ersten Klasse dem Lernen insgesamt positiv gegenüber sowie dem Fremdsprachenlernen im Besonderen. Sie sind in ihrer Alltagswelt häufig von englischen Begriffen umgeben, ziehen morgens ihr „T-Shirt“ an, essen zum Frühstück ihre „Cornflakes“ (hoffentlich nicht mit „Ketchup“), schwingen sich später auf ihr „Mountainbike“ oder fahren „Inliner“, spielen auf ihrem „Computer“ und singen zumindest bruchstückhaft englische „Popsongs“ von ihren „CDs“ mit. Dieses Vorwissen gilt es auszunutzen (vgl. auch Kapitel 6, S. 101 f.). Natürlich wissen die Kinder meistens nicht, dass es sich dabei um englische Begriffe handelt, aber sie sind auf ein „richtiges“ Englischlernen sehr gespannt und dementsprechend meist hoch motiviert. Erreichte Ergebnisse (ein Reim, ein Lied) werden den Eltern oft stolz vorgetragen und die Eltern reagieren auch häufig mit Anerkennung, da für sie das Englische aus ihrer eigenen Erfahrung heraus doch eher noch eine „Sache für Größere" ist.

Vor dem Hintergrund der obigen Überlegungen werden wir im folgenden Kapitel die Lernziele des Frühbeginns Englisch darstellen, die mit den methodischen Hinweisen und den Praxishinweisen im 4. Kapitel eng vernetzt sind. Wenn z. B. die Methode des *storytelling* im Rahmen des Sprachbads angesprochen wird, verweisen wir auf die praktische Beschreibung des *storytelling* sowie auf die entsprechenden Kopiervorlagen. Dieses gilt umgekehrt natürlich auch: Wenn Sie die praktische Beschreibung des *storytelling* aufschlagen und beim Erarbeiten Ihres Unterrichts doch mehr über die Einsetzbarkeit, Wirkungsmöglichkeit und wissenschaftliche Begründung dieser Methode erfahren möchten, werden Sie dort zu den Begründungen für das „Sprachbad" verwiesen.

2 Lernziele

Die Lernziele im Grundschulunterricht Englisch sind vielfältig und werden selten separat verfolgt, sondern zumeist in gebündelter Form: So wird z. B. beim Vokabelerwerb gleichzeitig das Hörverstehen und das Sprechen aktiviert, je nach Unterrichtsthema auch die interkulturelle Bewusstheit und die kommunikative Kompetenz oder auch das Leseverstehen. Der Übersichtlichkeit halber werden wir hier jedoch die einzelnen Lernziele getrennt voneinander besprechen. Dabei widmen wir uns zunächst den vier Fertigkeiten des Hörens, Sprechens und – etwas weniger ausführlich, da es sich nicht um Hauptziele des Frühbeginns Fremdsprache handelt – des Lesens und Schreibens. Danach werden die Lernbereiche der Sprachbewusstheit (hier verstanden als Sammelbegriff für linguistische Bewusstheit und interkulturelle Bewusstheit), des Vokabulars, der Grammatik und der kommunikativen Kompetenz fokussiert, deren Beherrschung ebenfalls als wichtige Lernziele gelten. Insbesondere ist zu beachten, dass die ersten paar Wochen des Fremdsprachenunterrichts die Einstellung und die Motivation der Kinder in Bezug auf das Fremdsprachenlernen auch aller noch folgenden Sprachen entscheidend prägen können, dementsprechend sollten wir hier sehr präzise und einfühlsam planen und vorgehen.

2.1 The Four Skills

Bezüglich der *four skills* (Hören/Verstehen, Sprechen, Lesen, Schreiben) ist zunächst festzuhalten, dass deren Reihenfolge nicht vertauscht werden kann, denn bevor die Lernenden nicht gehört haben, d. h. ein akustisches Sprachmodell geboten bekommen haben, können sie dieses auch nicht imitieren und somit nicht zielsprachengerecht sprechen. Und erst wenn sie geschriebene Sprache rezeptiv, d. h. lesend, verarbeiten können, können sie diese dann auch produktiv, d. h. schreibend, verwenden. Aus lernpsychologischen Gründen sollte also die obige Reihenfolge auf jeden Fall eingehalten werden.

2.1.1 Hören

Das Hören – der erste Schritt im Spracherwerbsprozess – sollte nicht nur aus einer rein akustischen Lautaufnahme bestehen, sondern im Verstehen münden. Bei ausreichendem Input, das stets etwas über dem derzeitigen Sprachniveau der Lernenden liegen sollte (vgl. Krashens *comprehensible input*, 1987), bilden die Lernenden Hypothesen über Sprachkonstrukte und erkennen z. B. bestimmte *chunks*, d. h. sprachliche Versatzstücke, wieder. So wird eine Frage wie *"How are you today?"* identifiziert als Frage nach dem Befinden, *"What's your name?"* wird verstanden als Frage nach dem Namen etc. Die Lernenden analysieren diese *chunks* nicht weiter, sondern speichern den unsegmentierten Lautfluss als Ganzes. Hierzu bedarf es einer durchaus großen Menge an Input, d. h. die Lehrkraft sollte wann immer möglich Englisch sprechen. Die didaktische Literatur spricht hier von einem „Sprachbad“ für die Lernenden – diese gewöhnen sich dadurch an die englische Intonation und Prosodie und fangen an zu verstehen und auch zu imitieren.

Das Sprachbad ist im Grundschulunterricht Englisch ein äußerst wichtiges Element. Die Lehrperson sollte deshalb auch insbesondere bei der normalen Organisation des Unterrichts so oft wie möglich Englisch sprechen, beispielsweise beim Austeilen von Arbeitsblättern, beim Tafelanschrieb usw., aber auch bei Lob und Tadel und bei sämtlichen anderen unterrichtlichen Anlässen, denn abgesehen von der dadurch erreichten größeren Menge fremdsprachlichen Inputs verleiht man dem Unterricht damit ein gewisses Maß an Authentizität, da die *classroom phrases* reale Sprechbedürfnisse ausdrücken. Wenn ich ein Bild einer schwarzen Katze zeige und frage *"What colour is the cat?"*, kenne ich ja die Antwort bereits, aber wenn ich frage *"Where is the chalk?"*, kenne ich sie vermutlich nicht – sonst würde ich wohl nicht fragen, d. h. hier findet eine wirkliche und somit authentische Kommunikation statt. Insofern ist besonders der englischsprachige *classroom discourse* oft handlungsorientierter, authentischer und kommunikativer als der Rest des Unterrichts. Außerdem erhalten die Kinder durch das Sprachbad zumindest im Unterricht soviel englischsprachigen Input und englische Intonation wie nur möglich, denn der unterrichtliche Input bleibt oft das einzige Englisch, das sie hören, da sie in den anderen Fächern und auch außerschulisch in der Regel wenig Kontakt mit der englischen Sprache haben. Wenn wir tatsächlich versuchen wollen, den Frühbeginn Englisch im Sinne von Krashens *acquisition* zu gestalten (vgl. Krashen 1987), d.h. einen dem Erstspracherwerb ähnlichen Erwerb der Fremdsprache zu ermöglichen, ist der auffälligste Unterschied zwischen dem Erstspracherwerb und dem Fremdsprachenerwerb die Menge des sprachlichen Inputs. Während ein Kleinkind seiner Muttersprache zumeist permanent und rund um die Uhr ausgesetzt ist und somit viele Möglichkeiten erhält, sprachliche Hypothesen zu bilden und auszutesten, reduziert sich diese Kontaktzeit beim schulischen Fremdsprachenunterricht auf wenige Stunden pro Woche und pro Kind, die noch dazu mit vielen anderen Schülerinnen und Schüler geteilt werden muss und dadurch störanfällig ist. Dementsprechend sollte jede Möglichkeit genutzt werden, die Kinder mit geeignetem Input zu versorgen.

Beim Hörverstehen geht es um eine ganzheitliche Aufnahme von Sprache, was gleichzeitig eine hervorragende Vorbereitung auf die Kommunikation mit Muttersprachlern in Alltagssituationen ist, denn auch dabei versteht man normalerweise nicht jedes einzelne Wort. Das Sprachbad (und auch das *storytellling*, siehe S. 36ff.) veranlasst die Kinder, sich „Verstehensinseln" zu suchen, eine Strategie, die jeder kennt, der im englischsprachigen Ausland war – je nach Dialekt und Akzent versteht man nicht wirklich alles Gesprochene, da Muttersprachler ihre Sprache normalerweise nicht künstlich für Nichtmuttersprachler segmentieren, sondern Letztere konstruieren sich den Sinn des Gesagten aus denjenigen Fragmenten zusammen, die sie verstanden haben. Damit ist zwar kein Detailverständnis gegeben, jedoch sollte ein Globalverständnis möglich sein, das dann im Falle des fremdsprachlichen Unterrichts als Zeichen für die wachsende kommunikative Kompetenz der Lernenden gesehen werden kann.

Die Lernenden bauen ein solches Globalverständnis auf, indem sie von Verstehensinsel zu Verstehensinsel springen. Dabei ist es wichtig, dass Verständnislücken ausgehalten werden – oft muss dieses trainiert oder zumindest explizit erwähnt werden, da viele Kinder der Ansicht sind, sie müssten jedes einzelne Wort verstehen können. Je häufiger das Sprachbad und auch die Methode des *storytelling* jedoch eingesetzt werden, desto mehr gewöhnen sich die Kinder an die Verständnislücken, die sie dann als Anregung zur Bedeutungskonstruktion nutzen können.

Im *storytelling* sind zum einen wiederkehrende *chunks* (d.h. eine formelhafte Aneinanderreihung von Einzelbegriffen, die aber als unsegmentiertes Ganzes aufgefasst, gespeichert und reproduziert werden, wie z.B. *"Once upon a time"* oder *"How are you today?"*), die die Kinder meistens sehr bald mitsprechen, eine Verständnishilfe, zum anderen kann die Lehrkraft die Kinder beim Verstehensprozess ungemein unterstützen, indem sie nonverbale Impulse einsetzt, die das Verständnis erleichtern (vgl. auch S. 29f.). Dazu gehören zum einen visuelle Impulse, d.h. dass Begriffe, die eingeführt oder genannt werden, gleichzeitig auf Bildern, *flashcards* oder als Realia gezeigt werden, zum anderen aber auch ein verstärkter, durchaus auch übertriebener Einsatz von Mimik, Gestik und Stimm-Modulation, mit deren Hilfe die in einer Geschichte vorkommenden Emotionen und Stimmungen der handelnden Personen transportiert werden können. Ebenso können Bewegungen, die in der Geschichte vorkommen, vorgeführt werden; Geräusche – wie z.B. Tierlaute – können imitiert werden; Richtungen können gezeigt werden. All diese nonverbalen Impulse fördern das Verständnis der Kinder und helfen ihnen zudem, neue Begriffe memotechnisch zu verankern. Die Fachliteratur spricht hier von *dual coding*, d.h., dass ein Begriff zweifach im Hirn vernetzt wird, einmal durch das Lautbild und zum anderen durch eine Bewegung, eine Geste, einen visuellen Eindruck u.a., was später den Abruf des Begriffes erleichtert und beschleunigt.

Es ist vermutlich deutlich geworden, dass der Fremdsprachenunterricht in der Grundschule hohe Anforderungen an die Lehrkräfte stellt. Sie haben den größten Redeanteil in den Unterrichtsstunden (Sprachbad, Aussprachemodell, einziger „Inputprovider") und sind verantwortlich für einen gut durchdachten und strukturierten Methodenwechsel. Die Erfolge eines gut geplanten Englischunterrichts sowie der Spaß der Kinder daran sind dafür allerdings durchaus eine angemessene Belohnung.

2.1.2 Sprechen

Nach einer Eingangsphase, die vor allem durch das Trainieren des Hörverständnisses geprägt wird, sollten die Kinder an das aktive Sprechen der neuen Fremdsprache herangeführt werden. Damit die Bildung der teilweise unbekannten und ungewohnten Laute nicht zum Problem wird, sollten die Kinder hörverstehend bereits einen umfassenden phonologischen Eindruck der neuen Sprache gewonnen haben. Eingangs wurde bereits beschrieben (vgl. S. 9), dass die Imitationsfähigkeit sowie die Fähigkeit zur Lautdiskriminierung im Grundschulalter am stärksten ausgeprägt sind – dieses sollte genutzt werden, um die Grundlage für eine gute Aussprache der Schülerinnen und Schüler zu legen. Denn auch wenn Grundschulkinder aufgrund ihres Alters gute Voraussetzungen mit sich bringen, heißt dies nicht, dass sie automatisch zu einer einwandfreien Aussprache gelangen. Diese muss geübt und durch viele Wiederholungen trainiert werden. Eine muttersprachenähnliche Aussprache des Englischen zu vermitteln ist eines der Hauptziele des Grundschulunterrichts Englisch, denn eine falsch eingeprägte Aussprache lässt sich später nur sehr schwer (wenn überhaupt) wieder korrigieren. Fossilisierte Fehler, d. h. Ergebnisse von Hypothesen, die sich mangels Korrektur oder mangels eines geeigneten sprachlichen Vorbilds als (fälschlicherweise) „Gelerntes" eingeprägt haben, sind kaum noch zu beheben.

Hier wird sehr deutlich, dass die Lehrkräfte im Fremdsprachenunterricht der Grundschule aufgrund ihrer Modellfunktion über eine exzellente Aussprache verfügen sollten, da ansonsten die Gefahr der Fossilisierung von Aussprachefehlern bei den Schülerinnen und Schüler droht. In der Sekundarstufe ist diese Gefahr etwas geringer, da bei den Lernenden dieses Alters zum einen die Imitationsfähigkeit nachgelassen hat und da zu diesem Zeitpunkt die Hypothesenbildung bezüglich der englischen Aussprache normalerweise bereits weitestgehend abgeschlossen ist. Aus diesen Gründen ist es nicht nur wichtig, ein hohes Maß an fremdsprachlichem Input zu bieten, sondern auch, die Aussprache der Schülerinnen und Schüler stetig zu korrigieren, während strukturelle Fehler gemäß dem Motto *message before accuracy* zunächst toleriert werden sollten (vgl. Kapitel 3).

Wenn wir auch bereits mehrfach die Imitationsfähigkeit von Kindern im Grundschulalter betont haben, sollten Sie als Fremdsprachenlehrkraft in einer ersten Klasse dennoch nicht erwarten, dass alle Kinder Sie sogleich begeistert imitieren. Manche Kinder brauchen erst eine Weile des (Zu-)Hörens, bis sie bereit und in der Lage sind, sich selbst in der neuen Sprache zu äußern. Die Literatur nennt diese „Inkubationszeit" die *silent period* oder auch *pre-production stage of language learning*, während der die Lehrkraft die betroffenen Kinder keinesfalls antreiben oder gar zwingen sollte, sich aktiv sprechend am Unterricht zu beteiligen. Die Kinder werden von selbst sprechen, wenn sie sich bereit dazu fühlen. Nach Krashen (1985) betrifft diese *silent period* sogar die Mehrzahl der Lernenden und ihm zufolge kann diese Phase von ein paar Tagen bis hin zu einem Jahr dauern (unsere eigenen Beobachtungen bestätigen allerdings weder die Menge an Lernenden noch einen solch langen Zeitraum). Es ist jedoch entgegen der landläufigen Annahme nicht der Fall, dass die Kinder in diesem stillen Zeitraum nichts lernen, denn auch sie durchlaufen einen Prozess der Sprachaufnahme – sie benötigen einfach nur mehr Zeit als andere dafür, sich in die neuen Klangmuster einzuhören, ein rezeptives Vokabular aufzubauen und den englischen Sprachgebrauch der Lehrkraft sowie ihrer Klassenkameradinnen und -kameraden zu beobachten. Wichtiger als das aktive Sprechen ist in diesem Zeitraum, dass die Kinder verstehen und auch entsprechend handeln, wenn sie englisch angesprochen werden. Die Länge dieses Zeitraums hängt zum einen mit der Persönlichkeit der jeweiligen Kinder zusammen, denn scheue, eher introvertierte Kinder sprechen auch in ihrer Muttersprache weniger als ihre extrovertierteren Klassenkameradinnen und -kameraden, zum anderen aber auch mit der Häufigkeit und Menge des fremdsprachlichen Inputs. Wenn viel Sprachmaterial angeboten wird, können solche Kinder sich schneller einhören und schneller Hypothesen über den Sprachgebrauch bilden, auf denen dann schließlich ihr verbales Output basiert. Sprachenlernen ist kein linearer Prozess, sondern gestaltet sich bei jedem Individuum anders – es können spontane und unerwartete Fortschritte zu verzeichnen sein, genauso aber plötzliche Rückfälle und Unsicherheiten.

Die Lehrperson kann die Dauer der *silent period* etwas verkürzen, indem sie neben einer möglichst hohen Frequenz von fremdsprachlichem Input zum einen zunächst verstärkt auf das Hörverstehen abzielt, aber auch, indem sie nach einer solchen hörverständnislastigen Anfangsphase handlungsorientierte Aufgaben stellt, bei denen in Kleingruppen kommuniziert werden kann, wozu solche Kinder eher bereit sind als eine Sprachproduktion vor der gesamten Klasse zu riskieren. Auch Chorsprechen, die Echomethode und *Total Physical Response* (TPR, wobei die Lerner nicht sprechen, sondern nur nonverbal auf Aufforderungen der Lehrkraft reagieren und so zeigen, dass sie verstanden haben, vgl. auch S. 46) sind geeignete Methoden, um diese Kinder fremdsprachlich aktiv zu integrieren, ohne sie vorzeitig zum Sprechen zu drängen. Dabei können die Kinder sich entweder im Rahmen der Lerngruppe vorsichtig und leise und quasi im geschützten Raum äußern (Chorsprechen, Echomethode) oder sie können nonverbal reagieren und so ihr Verständnis demonstrieren. Auch kurze *"yes"*- oder *"no"*-Antworten überfordern diese Kinder nicht. Wichtig ist vor allem, dass einerseits die *silent period* beachtet und berücksichtigt wird, damit die Lernenden sich ernst genommen fühlen und damit ihre Motivation keinen Einbruch erleidet. Andererseits sollte auch die Lehrkraft nicht an sich zweifeln, wenn nicht alle Kinder sogleich sprechen – das hat meistens nichts mit dem eigentlichen Unterricht zu tun, sondern ist eine natürliche Phase im Fremdsprachenerwerb, die auch aus dem Muttersprachenerwerb bekannt ist – auch Babys verstehen anfangs bereits sehr viel, ohne selbst aktiv Sprache zu produzieren.

Es liegen keinerlei Forschungsbelege vor, dass Kinder, die eine extensive *silent period* beim Fremdsprachenlernen durchlaufen, die Sprache im Endeffekt schlechter lernen als diejenigen Kinder, die sofort anfangen zu sprechen – ganz im Gegenteil gibt es Belege dafür, dass diejenigen Lernenden, die eine *silent period* zeigen, später weniger muttersprachliche Interferenzen in ihrer fremdsprachlichen Produktion aufweisen (Postovsky 1982). Vermutlich haben solche Lernenden mehr Zeit, Hypothesen über die Fremdsprache aufzubauen und diese zu verfestigen, ohne sie vorschnell auszuprobieren. Wenn Lernende zur sprachlichen Produktion aufgefordert werden, ohne dass sie dazu bereit sind, d.h. ohne dass sie auf Hypothesen zurückgreifen können, besteht für sie nur die Möglichkeit, auf sprachliche Strategien der Muttersprache zurückzugreifen, die dann zu Interferenzen führen (können).

Nach der *silent period* sowie für diejenigen Kinder, die diese nicht durchlaufen, sollte der Hörverstehensanteil nach der Anfangsphase etwas reduziert werden, um genügend Platz für aktive Sprachproduktion anzubieten. Neben dem Lehrerinput mit Modellfunktion gehört zur Entwicklung einer guten Aussprache vor allem Raum für deren Übung, d.h. die Lernenden sollten so oft wie möglich zum Sprechen angehalten werden. Zum einen können sie so ihre Aussprache trainieren, da insbesondere diejenigen Laute, die im deutschen phonetischen Repertoire nicht vorkommen, geübt werden müssen und zum anderen können und sollten sie Lehrerfeedback erhalten – wer nichts sagt, kann auch nicht korrigiert und/oder ermutigt werden. Wenn die Aussprache ungewohnter Laute nicht sofort gelingt, sollte diese spielerisch trainiert werden – beim *th* können sich die Kinder beispielsweise vorstellen, dass sie lispeln oder dass sie der Wind sind, der durch eine kleine Ritze – die entsteht, wenn die Zungenspitze locker zwischen den Vorderzähnen steckt und dadurch Luft herausgepustet wird – weich und vorsichtig pustet (für das stimmhafte *th* wie in *there*) oder kräftiger bläst (für das stimmlose *th* wie in *thing*). Bei der komplexeren Abfolge von *s* und *th* (wie in *these things*) können sich die Kinder dann z.B. in Frösche verwandeln, die Fliegen fangen wollen und dafür erst die Zunge etwas einrollen müssen, um sie dann schnell wieder nach vorn schießen zu lassen. Solche Übungen machen den Kindern Spaß und werden zudem gut behalten, so dass es später bei entsprechenden Ausspracheproblemen hilft, einfach eine *flashcard* mit einem sanften Wind, einem stärkeren Wind, einem fliegenfangenden Frosch etc. hochzuhalten, um die Lernenden zur Selbstkorrektur aufzufordern.

Englische Kommunikation erfolgt aber nicht nur mündlich, sondern ebenfalls schriftlich. Selbst in Deutschland sind die Kinder insbesondere durch Werbung und Produktnamen, aber auch durch Bezeichnungen für Alltagsgegenstände (Mountainbike, T-Shirt, CD-Player, Gameboy etc.) regelrecht umzingelt von der englischen Schriftsprache. Dementsprechend werden wir uns im nächsten Abschnitt mit dem Lesen und Schreiben in der Fremdsprache beschäftigen.

2.1.3 Lesen und Schreiben

Lesen und Schreiben sind untergeordnete Lernziele im Fremdsprachenunterricht der Grundschule, sie werden nicht von Anfang an fokussiert, da zu Beginn der ersten Klasse die Konzentration zunächst einmal auf dem Kennenlernen der deutschen Schriftsprache liegt (vgl. auch Kapitel 4.1).

Während die deutsche Schriftsprache der gesprochenen Standardsprache relativ genau entspricht, besteht im Hinblick auf das Englische die besondere Schwierigkeit, dass Schreibung und Lautung eben nicht so übereinstimmen wie im Deutschen. Dieses war ein Grund dafür, dass zu Beginn des bundesweiten Starts von Englischunterricht in der Grundschule sogar empfohlen wurde, die Lernziele Lesen und Schreiben überhaupt nicht zu verfolgen, da befürchtet wurde, dass der Schrifterwerb im Deutschen unter der gleichzeitigen oder zeitnahen Einführung des Englischen leiden könne. Diese Empfehlung wurde jedoch immer weiter aufgeweicht. Heute sehen die meisten Lehrpläne vor, dass das Lesen und das zunächst reproduktive und dann produktive Schreiben behutsam eingeführt werden sollen. Laufende Studien (Diehr & Rymarczyk 2008) deuten sogar an, dass die Schriftsprache im Gegenteil ruhig sehr früh eingesetzt werden sollte. Zwischenergebnisse dieser Studien belegen, dass keine Gefahr eines negativen Effektes in Bezug auf den deutschen Schriftspracherwerb zu bestehen scheint. Eine „Gefahr" besteht höchstens in umgekehrter Hinsicht, denn die Schülerinnen und Schüler tendieren eher dazu, das Englische mithilfe deutscher Schreibregeln zu schreiben.

Weiterhin konnte gezeigt werden, dass die Schülerinnen und Schüler das Englische schreiben *wollen* und, wenn dieses im Klassenzimmer nicht angeboten wird, es nach ihren eigenen Regeln tun. Notizen, die sich die Schülerinnen und Schüler selbstständig aufschreiben, sehen dann oft recht kurios aus, da diese das Gehörte so niederschreiben, wie sie es im Deutschen täten. Da kann aus einer *cat* dann schnell mal eine „Kett" werden und aus einem *table* ein „Täbel". Es besteht sogar die Gefahr, dass sich dieses *invented spelling* der Lernenden festsetzt, wenn zu spät mit der Einführung der englischen Schriftsprache begonnen wird.

Zudem ist das englische Schriftbild in vielerlei Hinsicht längst Teil der Alltagswelt der Kinder – sie sehen überall geschriebene englische Begriffe, bedingt durch die Vielzahl von Anglizismen in der deutschen Sprache: Diese tauchen in Musiktiteln, Lebensmittelverpackungen, Werbung, Internet etc. auf. Diese Vielzahl von bekannten Anglizismen lässt sich im frühen Englischunterricht hervorragend nutzen (vgl. S. 102). Die Schülerinnen und Schüler können vielen dieser Anglizismen allerdings kein korrektes englisches Lautbild zuordnen, da sie diese zumeist nach deutschen Regeln lesen. Hier muss die Lehrkraft genau darauf achten, dass solche Anglizismen auch englisch korrekt ausgesprochen werden.

Bereits bekannte englische Begriffe sind normalerweise als *chunks* gespeichert, d. h. sie werden nicht reanalysiert, sondern als kompaktes Konzept verstanden und verwendet. Sie verhelfen aber bereits vor einer systematischen Begegnung mit der englischen Aussprache und dem jeweils zugeordneten Schriftbild den Kindern zu einer Sprachbewusstheit darüber, dass die englische Schreibung anders als die deutsche funktioniert. Einigen Lerntypen hilft die Schrift darüber hinaus sogar, den Lautfluss zu segmentieren und so ihr Verständnis zu verbessern. Weiterhin bietet das Schriftbild Verständnishilfen, die in der gesprochenen Sprache so nicht vorhanden sind, z. B. den Kontrast zwischen *you're* vs. *your*.

Das Lesen wird am besten durch beschriftete Bildkarten im Hinblick auf Begriffe eingeführt, deren Bedeutung bereits bekannt und deren Aussprache gesichert ist. Dieses kann schon in der 1. Klasse geschehen, um die Begegnung mit der englischen Schriftsprache frühzeitig anzubahnen. Ein solches frühes Lesen sollte stets lautes Lesen sein, damit das Lautbild sich zusammen mit dem Schriftbild einprägt. Beim leisen Lesen kann die Lehrperson nicht überprüfen, ob das Lautbild der Lernenden korrekt ist oder ob sich womöglich Fehler eingeschlichen haben, die dann zusammen mit dem Schriftbild abgespeichert würden. Sobald eine Zuordnung von Bild und Schrift auf diese Weise vorgenommen und geübt wurde, kann diese durch verschiedene Spiele unterstützt und verstärkt werden. Hier bietet sich z. B. ein Paarspiel an (vgl. auch S. 47 f.), das aus Bildkarten und den dazugehörenden Schriftbildern besteht. Eine andere Möglichkeit wäre der Einsatz eines Bingo-Spiels (vgl. S. 48), bei dem Bildkarten hochgehalten werden und die Schülerinnen und Schüler dann jeweils das dazu passende Schriftbild ausstreichen sollen. Hierbei ist dann noch eine Steigerung möglich, wenn die Bilder weggelassen werden und stattdessen nur das Wort gesagt wird, das die Schülerinnen und

Schüler dann mit dem entsprechenden Schriftbild verknüpfen müssen.

In späteren Grundschulklassen wird das Leseverstehen dann zu kleinen Sätzen und kurzen Texten ausgeweitet; darauf soll an dieser Stelle jedoch nicht weiter eingegangen werden.

Wenn die Begegnung mit dem Schriftbild stattgefunden hat, lässt sich dieses auch relativ schnell danach aktiv nutzen, indem die Schülerinnen und Schüler anfangen, in der Fremdsprache zu schreiben. Das Schreiben wird zunächst als reproduktives Schreiben eingeführt, d.h. zunächst werden vorgegebene kleine Standardtexte wie *"Happy birthday, dear XY"* oder *"Merry Christmas everybody!"* abgeschrieben, wobei sorgfältig auf die korrekte Schreibweise geachtet werden sollte. Nach einiger Zeit kann übergegangen werden zum Einfüllen einzelner, bereits bekannter und vorgegebener Begriffe in Lückentexte und noch später zum produktiven Schreiben, bei dem anhand von visuellen Impulsen zuerst Einzelwörter, dann kurze Sätze und schließlich kleine Texte, zunächst nach Vorgabe, dann auch selbstständig geschrieben werden sollen (weitere praktische Hinweise zur Einführung des Schriftbildes befinden sich in Kapitel 4.1, S. 35 f.).

2.2 Lernbereiche

Unter dem Begriff Lernbereiche verstehen wir einzelne Bausteine der Fremdsprache wie Sprachbewusstheit, Vokabular, Grammatik und kommunikative Kompetenz, aus denen sich – neben den vier grundlegenden Fertigkeiten – die aufzubauende fremdsprachliche Kompetenz zusammensetzt. Wir möchten an dieser Stelle noch einmal betonen, dass diese Bereiche nicht getrennt voneinander vorkommen, sondern allesamt an jedem Fremdsprachenlernprozess beteiligt sein sollten.

2.2.1 Sprachbewusstheit

Der erste Lernbereich, Sprachbewusstheit, umfasst das Wissen der Kinder über Sprache im Allgemeinen – nicht nur bezüglich der Fremdsprache, sondern auch, zumindest in kontrastiver Weise, bezüglich der Muttersprache – sowie das Wissen der Kinder um Kulturen der Zielsprache. In der fachdidaktischen Literatur wird die Sprachbewusstheit zum Teil in unterschiedlicher Weise benannt: Man findet den Begriff *linguistic awareness*, der sich insbesondere auf sprachliche Strukturen und deren Funktionen bezieht, ebenso wie den Begriff *(inter)cultural awareness*, der das Wissen über die Zielsprachenkultur(en) und über die eigene Kultur sowie das Wissen über kulturelle Eigenheiten und Unterschiede umfasst, zudem gibt es den Begriff der *language awareness*, der die beiden eben genannten Kategorien zusammenfasst, da er Sprache und Kultur als untrennbar miteinander verbunden ansieht. „Sprachbewusstheit" ist eine Übersetzungsannäherung an das Konzept der *language awareness*, die sich im deutschen Sprachraum in den letzten Jahren immer mehr durchgesetzt hat und deshalb auch hier verwendet werden soll.

Das Lernziel der Sprachbewusstheit hat mittlerweile in alle Englischlehrpläne Einzug gehalten, zumeist als „interkulturelle Bewusstheit", die aber entsprechend über die Sprache angeregt und vermittelt werden soll. Ein Vorläufer dieses Lernziels war der Bereich der Landeskunde, der sich allerdings auf Faktenwissen zu den Zielsprachenländern beschränkte. Hier ging es hauptsächlich um geographisches, landesgeschichtliches und politisches Wissen, d.h. um *facts and figures*, die dann auch punktuell abprüfbar waren. Nur langsam wurden Informationen über typische Lebensweisen der Zielsprachenkulturen hinzugefügt, was einen ersten Schritt in die Richtung der Sprachbewusstheit bedeutete, da solche Informationen unmittelbar zum Vergleich mit eigenkulturellen Erfahrungen anregen. Das „Fremdverstehen" bekam einen größeren Stellenwert, auch in den neueren Lehrwerken. Mittlerweile ist die Sprachbewusstheit zu einem Hauptbestandteil des Fremdsprachenunterrichts geworden. Zudem richtet sie sich nicht mehr nur auf die Zielsprachenkultur(en), sondern will darüber hinaus auch den Grundstein für eine kulturelle Toleranz und Akzeptanz jeglicher anderer Kulturen legen, wozu insbesondere der Fremdsprachenunterricht, der ja *per se* einen Kontakt zu anderen Kulturen anregt, von Anfang an einen Beitrag leisten kann und muss. Die Kinder sollen erfahren, dass in anderen Ländern bestimmte kulturelle Eigenarten (Feste, Essen, Kleidung, Tagesablauf, Interessen, Flora, Fauna und vieles andere mehr) vorherrschen. Sie sollen sich dessen bewusst werden, dass andere Kulturen mit bestimmten Dingen anders umgehen und diese entsprechend auch anders versprachlichen – dieses Wissen sollte jedoch kein Werturteil beinhalten oder gar anregen, sondern einfach nur ein Wissen um diese Andersartigkeit anleiten und ermöglichen. Interkulturelles Lernen findet dann statt, wenn das erworbene Wissen über sprachliche und kulturelle „Andersartigkeiten“ zu Akzeptanz, kritischer Toleranz und Verständnis für Andere führt, ohne dass eine Wertung vorgenommen würde.

Es gibt ja kaum noch ein monokulturelles Klassenzimmer und die Schülerinnen und Schüler sollen durch das Erwecken interkultureller Bewusstheit eine Hilfe erhalten, mit der multikulturellen Situation in ihren Klassen umzugehen. Insofern ist interkulturelle Bewusstheit auch ein integraler Bestandteil der Werteerziehung, in dem u. a. der reflektierte Umgang mit Vorurteilen, Klischees und Stereotypen sowie auch Empathie vermittelt werden sollen.

Der Lernbereich der Sprachbewusstheit beinhaltet zunächst einmal das Wissen über englischsprachige Kulturen – Englisch ist in dieser Hinsicht kompliziert, da es nicht eine einzige, sondern etliche verschiedene englischsprachige Kulturen gibt (britisch, amerikanisch, australisch etc.). Die Lehrkraft sollte sich auf diejenige englischsprachige Kultur konzentrieren, die sie selbst am besten kennt, da persönliche Erfahrungen am authentischsten wirken. Nichtsdestotrotz sollen die Schülerinnen und Schüler aber zunächst Kenntnisse darüber erlangen, in welchen Ländern der Welt überhaupt englisch gesprochen wird, zudem sollten sie erfahren, dass in unterschiedlichen Gegenden das Englische unterschiedlich ausgesprochen wird. Gegebenenfalls bringen sie hier bereits eigene Vorerfahrungen mit ein aus populären Liedern, Talkshows und Ähnlichem. Sicherlich werden sie hauptsächlich das Englisch der Lehrkraft kopieren, sei es britisches, amerikanisches, australisches oder ein anderes Englisch, aber wann immer die Möglichkeit besteht, einen Muttersprachler oder eine Muttersprachlerin mit in die Klasse zu bringen, sollte diese genutzt werden – eine solche Gelegenheit bietet dann auch einen willkommenen Anlass dazu, die unterschiedlichen Arten der Aussprachen zu thematisieren. Dieses ist auch in einer 1. Klasse möglich, denn die Kinder wissen ja auch über das Deutsche, dass dieses in verschiedenen deutschen Gegenden unterschiedlich klingt.

Später sollten auch einige Informationen über wichtige Städte im englischsprachigen Ausland eingebracht werden, z. B. über New York oder über London, damit die Kinder diese Städte nicht nur geografisch einordnen können, sondern auch erstes Wissen über sie erlangen. Dies könnte durch virtuelle Stadttouren geschehen, bei der solche Sehenswürdigkeiten eingeführt werden, die für die Kinder interessant sind (London Eye, Madame Tussaud's, Tower of London/ Tower Bridge bzw. Empire State Building, Statue of Liberty). Interessant sind weiterhin Informationen über gleichaltrige Kinder aus diesen Ländern: Wie sieht deren Schulalltag aus, wie sieht ein typischer Tagesablauf aus, was sind beliebte Speisen, wohin fahren diese Kinder in Urlaub? Lernen sie deutsch? Welche Hobbys und Interessen haben sie typischerweise etc.? Zudem gehört in diesen Kontext auch das Thema „Feste feiern“ – Beispiele dafür sind die folgenden Themenfelder: Wie wird Weihnachten verbracht, wie wird ein Geburtstag gefeiert, was passiert an Halloween und was am Valentinstag? Diese Feste können den Lernenden im *storytelling* (vgl. S. 36 ff.) nähergebracht werden – es gibt eine Vielzahl von *storybooks* zu den oben genannten Anlässen – oder auch handlungsorientiert begangen werden, indem z. B. englische Valentinskarten oder Weihnachtskarten gebastelt und beschriftet werden oder zu Halloween Masken gebastelt und/oder Kürbisse ausgehöhlt und beschnitzt werden.

Auf diese handlungsorientierte Weise können die Kinder auch Essgewohnheiten aus englischsprachigen Ländern kennenlernen: so kann man ein amerikanisches oder auch britisches Frühstück gestalten, indem man zusammen *muffins* herstellt, *pancakes* backt und mit Ahornsirup beträufelt oder auch *porridge* kocht und natürlich danach gemeinsam verzehrt. Lebensmittelgeschäfte bieten mittlerweile so viele ausländische Spezialitäten an, dass ein solches Vorgehen auch in Deutschland problemlos möglich ist. Ideal wäre hier natürlich ein entdeckendes Lernen, bei dem die Lernenden gleichaltrige Kinder im englischsprachigen Ausland zu ihren Lebensgewohnheiten befragen (z. B. per E-Mail-Austausch), aber das sollte wegen der noch mangelnden Lese- und Schreibfähigkeiten auf spätere Klassen verschoben werden.

Durch den Vergleich mit anderen Kulturen nimmt man die eigene Kultur oft erst mit wirklich offenen Augen wahr und entdeckt alternative Vorgehens- und Verhaltensweisen für etwas, das man bis dahin unreflektiert für ganz selbstverständlich gehalten hatte. Für den Bereich des fremdkulturellen Wissens wurden bereits Beispiele angeführt – so z. B. die unterschiedliche Art des Begehens des Weihnachtsfestes: Viele Kinder werden sich erst dadurch, dass sie an andersartige weihnachtliche Rituale und Traditionen (in den USA, in Großbritannien) herangeführt werden, der deutschen Besonderheiten bewusst, die zuvor vermutlich für allgemeingültig gehalten wurden, und sie lernen so Alternativen kennen. Hilfreich für eine Begegnung mit der fremden Kultur sind vor allem Visualisierungen, d. h. Bilder, Filme, aber auch Hörbeispiele. Aber ebenso gehören hierzu typische Spiele, Kinderlieder und Geschichten aus englischsprachigen Kulturen sowie authentische Materialien, von Eintrittskarten und Speisekarten über Briefmarken bis hin zu Stadtplänen – also sammeln Sie bei Ihren Auslandsaufenthalten alles, was möglich ist!

Im sprachlichen Bereich lässt sich hier das Beispiel des unterschiedlichen Umgehens mit dem Imperativ heranziehen: In der deutschen Sprache ist die Verwendung des puren Imperativs („Schlagt eure Bücher auf Seite 15 auf“) vollkommen neutral, im Englischen dagegen gilt die Verwendung des puren Imperativs als rüde und unhöflich. Ein purer Imperativ sollte nur in Notfällen benutzt werden, wenn keine Zeit für lange Äußerungen ist (wenn man z. B. am Schreibtisch sitzt und bei offenem Fenster korrigiert und jemand kommt zur Tür herein – dann kann man rufen *"Close the door!"*, bevor die ganzen Arbeitszettel vom Schreibtisch wehen). Im Englischen werden Imperative normalerweise durch Modalverben ergänzt, zumindest aber durch ein angehängtes *"please" ("Could you close the window?"; "Please open your books on page 15.")*. Dies bedeutet nicht, dass die Engländer höflicher sind als die Deutschen, sondern nur, dass im Englischen Höflichkeit unterschiedlich linguistisch kodiert wird. Die Aussagekraft der eben genannten englischen Beispiele ist mit der eines deutschen puren Imperativs gleichzusetzen, und es gibt keine Möglichkeit, einen solchen Befehl ohne Gesichtsverlust einfach nur mit „nein“ zu beantworten.

Es ist wichtig, dass die Lehrkraft einen solchen pragmatisch korrekten Gebrauch der englischen Sprache beherrscht und diesen modellhaft vorführt, denn pragmatische Fehler wiegen deutlich schwerer als Aussprache-, Vokabel- oder Grammatikfehler. Sie sind nämlich für einen englischen Muttersprachler gar nicht als Fehler zu erkennen. Während besagter Muttersprachler sich bei Aussprache-, Vokabel- und Grammatikfehlern immer vor Augen halten kann, dass er eben mit einem Nicht-Muttersprachler kommuniziert und er diesen ja trotzdem versteht, haben pragmatische Fehler die Wirkung, dass sie (oftmals falsche) Rückschlüsse auf die Persönlichkeit des Sprechers auslösen können. Der Muttersprachler denkt dann nicht „Oh, da wurde jetzt ein pragmatischer Fehler gemacht“, sondern eher „was für ein unhöflicher, unverschämter Mensch“ – ein Eindruck, der später nur schwer wieder zu revidieren ist.

Die Informationen zu englischsprachigen Kulturen sollten den Kindern im Sinne des Sprachbads möglichst auf Englisch vermittelt werden. Solche Informationen können oft in einfache Satzstrukturen verpackt werden: *"This is Tower Bridge"* zusammen mit einem Bild ist leicht verständlich. Ein Thema wie Weihnachtsvorbereitungen und der Verlauf dieses Festes können den Kindern anhand von gut bebilderten *stories* ohne Rückgriff auf die deutsche Sprache nähergebracht werden, wobei natürlich eine mögliche sich anschließende Reflexion über die Unterschiede zwischen den Festritualen seitens der Kinder auf Deutsch stattfinden wird. Die Lehrkraft kann die deutschen Äußerungen der Schülerinnen und Schüler in einfachen Sätzen englisch wiederholen (*"Our Christmas starts on December 24, on Christmas Eve, and not on December 25."*), um einen möglichst umfangreichen und variablen Input zu gewährleisten. Mithilfe geeigneter und gut gewählter Visualisierungen ist es in den allermeisten Fällen nicht nötig, auf Lehrerseite ins Deutsche zu verfallen.

Dieses bedeutet allerdings kein radikales Verbot der deutschen Sprache im Englischunterricht, wie es etwa der Ansatz des „einsprachigen Englischunterrichts“ seinerzeit propagierte. Den Kinder sollte es aufgrund des noch nicht allzu großen Wortschatzes jederzeit gestattet sein, in die deutsche Sprache überzuwechseln, die Lehrkraft sollte jedoch wann immer möglich deutsche Äußerungen von Schülerinnen und Schülern ins Englische übersetzen. Die Lehrkraft selbst sollte möglichst durchgehend im Englischen bleiben, wobei sich der Einsatz des Deutschen teilweise nicht vermeiden lässt, z. B. wenn es um Antworten auf Fragen geht, die für die Kinder auf Englisch noch nicht zu verstehen wären. Dies kann zum Beispiel der Fall sein, wenn den Lernenden Unterschiede zwischen der deutschen und der englischen Sprache auffallen, wie z. B. „Muss beim englischen Verb immer ein *-ing* angehängt werden?" – eine umfassende englischsprachige Erklärung des progressiven Aspekts wäre hier fehl am Platz, sondern hier würde man auf Deutsch so etwas antworten wie „gut beobachtet – aber im Englischen steht das *-ing* nur bei ganz bestimmten Verben, die meistens eine Handlung im Verlauf beschreiben, so wie man das etwa im Deutschen mit ‚ich bin gerade am ...' auch machen kann".

Manchmal kann es auch knifflig sein, Spielanleitungen auf Englisch so zu formulieren, dass auch alle Schülerinnen und Schüler sie verstehen. Hier sollte man sich bereits im Vorfeld überlegen, wie man die Erklärung gestalten kann – möglichst mit einfachen Worten, möglichst mit Visualisierungen und/oder Beispielen. Trotzdem sollte zur Sicherung des Verständnisses aller Klassenmitglieder noch einmal ein Kind die Anleitung auf Deutsch zusammenfassen. Eine ähnliche Situation kann bei einem *storytelling* aufkommen, das als Lernziel nicht den Vokabelerwerb oder den Erwerb einzelner syntaktischer Strukturen hat, sondern z. B. interkulturelle Bewusstheit – auch dabei ist es manchmal notwendig, das Verständnis des Textinhalts für die ganze Klasse von einem oder auch mehreren Schülerinnen und Schülern auf Deutsch sichern zu lassen. Außer in diesen Sonderfällen sollte die deutsche Sprache aber für die Lehrkraft tabu sein. Auch die Organisation des Lernablaufs (einfache Handlungsanleitungen, Lob, Tadel etc.) sollte stets in der Fremdsprache erfolgen. Bei Lob und Tadel transportiert z. B. die Stimmfärbung den Inhalt, falls dieser den Schülerinnen und Schülern nicht sogleich zugänglich sein sollte. Interessanterweise merken sich die Schülerinnen und Schüler Lob- und Tadelausdrücke, die ja nicht explizit vermittelt werden, immer erstaunlich schnell und benutzen sie selbst aktiv. Achten Sie einmal darauf, wie schnell *"Stop it, please!"* und Ähnliches auch von Ihren Schülerinnen und Schülern benutzt wird.

Oft bitten die Kinder auch um Übersetzungen „Was heißt XY denn eigentlich auf deutsch?". Hier könnte man natürlich eine deutsche Annäherungsübersetzung anbieten, dieses ist jedoch wenig empfehlenswert und auf längere Sicht sogar kontraproduktiv. Zum einen macht sich die Lehrkraft durch ein solches Übersetzungsverhalten zu einem „lebenden Wörterbuch", was auf Dauer eine Überforderung sein kann, denn dann erwarten die Kinder wirklich für alle Begriffe eine Übersetzung und sind enttäuscht, wenn die Lehrkraft „versagt" (und wer kennt zum Beispiel schon alle englischen Begriffe für die deutschen Lieblingshaustiere, von der Rennmaus bis zur Gespensterheuschrecke?). Zum anderen belegen linguistische Untersuchungen relativ eindeutig, dass eine Übersetzung nur in den allerwenigsten Fällen eine komplette Gleichsetzung der mentalen Konzepte in beiden Sprachen beinhaltet, sondern höchstens eine Konzept-Annäherung. Als Beleg dafür möchten wir auf die NSM-Theorie (*Natural Semantic Metalanguage*) von Wierzbicka und Goddard (z. B. in Goddard 2002) verweisen, die besagt, dass weltweit nur gut 60 Begriffe überhaupt „kulturfrei" übersetzbar sind und dass alle anderen Ausdrücke (es steht nicht eindeutig fest, wie viele Wörter das Englische hat, aber eine in der aktuellen Forschung genannte Zahl ist 900.000) kulturverhaftet sind. Lassen Sie uns diese Theorie am Beispiel *happy* vs. glücklich erläutern: die meisten Menschen würden zustimmen, dass die beiden Begriffe Übersetzungen voneinander sind. Auch die meisten Buch- und Filmübersetzungen verfahren in diesem Sinne: Aus *"...and they all lived happily ever after"* wird also ein „und sie lebten glücklich bis an ihr Lebensende".

Wenn wir uns den Gebrauch von *happy* aber einmal genauer anschauen (z. B. in Korpora der zeitgenössischen englischen gesprochenen und geschriebenen Sprache), stellen wir fest, dass *happy* meistens in Zusammenhängen wie *"The children played happily in the corner"* gebraucht wird – dabei sind die Kinder nicht (im deutschen Sinne) glücklich, sondern still und zufrieden. *Happy* ist also viel neutraler und weniger intensiv als das deutsche „glücklich", das eine eher personalisierte und heftigere emotionale Reaktion beschreibt. *Happy* wird sehr viel häufiger in englischen Korpora verwendet als „glücklich" in deutschen Korpora, wo es eher für besondere Fälle reserviert zu sein scheint. Hier wird deutlich, dass die Gleichung *happy* = glücklich nicht aufgeht, da es sich nur um eine Übersetzungsannäherung handelt, aber nicht um Konzeptidentität. Begründet werden kann dies u. a. damit, dass „Anglos" (Engländer und Amerikaner) das sprichwörtliche britische Understatement verinnerlicht haben, da sie weniger dazu neigen, Emotionen öffentlich zu zeigen.

Deutsche haben also nach der Lektüre von aus dem Englischen übersetzten Texten ein etwas anderes Bild von der emotionalen Stimmung der Geschichte als englischsprachige Leser, mit anderen Worten: sie haben eine andere Geschichte rezipiert. Da dieses bei fast allen anderen englischen Begriffen ähnlich funktioniert, sollte man mit Übersetzungen extrem vorsichtig sein und stattdessen lieber darauf abzielen, den wachsenden englischen Wortschatz der Kinder nicht zu stark mit dem bereits vorhandenen deutschen Wortschatz zu verknüpfen, sondern diese beiden so gut es geht im mentalen Lexikon der Lernenden getrennt voneinander anzulegen, um die Bildung inkorrekter Konzepte im weiteren Verlauf der Fremdsprachenerwerbskarriere der Schülerinnen und Schüler gar nicht erst zu suggerieren.

Erwähnt werden sollte in diesem Zusammenhang noch das Thema „nicht-deutsche Kinder", die sich ja dementsprechend einen dritten Wortschatz aneignen müssen. Oftmals wurde behauptet, dass der Englischunterricht in der Grundschule für sie eine Überforderung bedeuten könne, da sie ja noch nicht einmal in ihrer ersten Fremdsprache, dem Deutschen, in der Lage seien, sich vernünftig und korrekt auszudrücken. Die Forschung hat mittlerweile genau das Gegenteil bewiesen – häufig sind nichtdeutsche Kinder den anderen überlegen, da sie ja schon einmal die Erfahrung gemacht haben, was es heißt, eine andere Sprache zu lernen und was es bedeutet, dass nicht alle Konzepte übersetzbar sind, d.h. sie haben schon einen gewissen Grad an interkultureller Bewusstheit erlangt. Außerdem ist das Englische das einzige Fach, in dem sie unter denselben Voraussetzungen wie ihre deutschen Mitschülerinnen und -schüler antreten – es gibt niemanden, der die Sprache, in der der Unterricht größtenteils stattfindet, komplett versteht. In den anderen Fächern findet der Unterricht auf Deutsch statt und nicht-deutsche Kinder haben dort in etwa die Voraussetzung, als ob ein deutschsprachiges Kind ohne großartige Englischkenntnisse dem Mathematikunterricht auf Englisch folgen müsste. Insofern hat der Englischunterricht auch eine deutliche emanzipatorische Komponente.

2.2.2 Vokabular

Ein weiterer wichtiger Bereich der Sprachkompetenz ist das Vokabular. Hier ist zunächst einmal die Aktivierung des Vorwissens der Kinder wichtig, denn viele von ihnen kennen bereits etliche englische Begriffe – vielleicht auch ohne zu wissen, dass diese englisch sind. Diese Begriffe können von Anfang an eingebracht werden (vgl. auch Kapitel 6) und sobald die kritische Menge von ca. 400–600 englischen Begriffen erreicht wurde, sind auch auf Seite der Kinder erste englische Äußerungen möglich, die über den Gebrauch von Einzelbegriffen oder Minimalsätzen hinausgehen.

Zur Auswahl des Vokabulars ist anzumerken, dass die Kinder als erstes, den Unterrichtsthemen bzw. dem (Teil-)Rahmenplan entsprechend, vielfältiges Basis- oder Alltagsvokabular, Begriffe aus ihrem Lebens- und Schulumfeld sowie themenspezifisches Vokabular (Farben, Zahlen, Tiere, Jahreszeiten, Wetter, Obst, Feste, Kleidung, Hobbys, emotionale Zustände, Klassenrauminventar, Reisen, Sport etc.) erlernen sollten. All diese Begriffe sollten wegen der besseren späteren Abrufbarkeit möglichst in Kategorien beigebracht werden – dies bedeutet, dass statt isolierter Einzelbegriffe Begriffsfelder eingeführt und stetig erweitert werden. Eine Kategorie unterscheidet sich vom Wortfeld dadurch, dass nicht alle Begriffe einen identischen Status haben. Es gibt zentrale, prototypische Begriffe und marginalere Begriffe – z.B. *car* als Fahrzeug ist zentraler als *ferry* oder *apple* als Frucht ist zentraler als *grape*, da diese Begriffe normalerweise in der Alltagssprache viel häufiger vorkommen und wir eine bessere mentale Vorstellung von ihnen sowie mehr Erfahrungen mit ihnen haben. Prototypische Begriffe sollten als erstes vermittelt werden, da sie die Kategorie dadurch zusammenhalten, dass sie durch ihre Frequenz semantisch fester verankert sind als die marginaleren Begriffe und da sie so auch als Abgleichungsmöglichkeit fungieren können, wenn z.B. festgestellt werden muss, ob ein bestimmter Begriff auch in die Kategorie fällt oder eben nicht. Aus der Forschung zum Erstsprachenerwerb ist bekannt, dass Kinder in Kategorien lernen und dass sie schon im vorsprachlichen Alter Prototypen besser erkennen als marginale Exemplare einer Kategorie (vgl. Southgate & Meints 2000). Der semantische Zusammenhang zwischen den einzelnen Begriffen einer Kategorie begünstigt die Vernetzung der einzelnen Begriffe und beschleunigt deren Abrufbarkeit.

Forschung zum sogenannten *mental lexicon* hat gezeigt, dass Wörter im Hirn nicht wie in einem Wörterbuch alphabetisch gespeichert sind, sondern über vielfältige andere Verbindungen abrufbar sind, so z. B. über Kategorien (wie *farm animals, days of the week* etc.), aber auch über Rhythmus, Reim, Bewegungen (Bewegungen und Rhythmus unterstützen die Speicherung der fremdsprachlichen Begriffe), affektive Einstellungen (wenn man etwas lustig oder absonderlich findet, prägt es sich umso besser ein) und phonologische Ähnlichkeiten (man behält Alliterationen wie *windy Wednesday* besser als *stormy Wednesday*). Beim Lernen mit *chants, songs, action rhymes*, Spielen etc. (vgl. S. 44 ff.) sind Bewegungen, Rhythmus und Reime zum Vokabular gut umzusetzen, denn Musik und Rhythmus wirken lernunterstützend. Im Hirn wird der Begriff dann mehrfach gespeichert, einmal als Lautbild und einmal als dazugehörige Bewegung/Reim/ Rhythmus – wir erwähnten bereits das *dual coding* – und dadurch werden Vernetzungen angelegt und der spätere Abruf des Vokabulars beschleunigt.

Es reicht jedoch nicht aus, Begriffe nur einzuführen, sondern sie müssen stetig wiederholt werden. Manche Curricula sprechen hier von „spiralförmiger Wiederholung", d. h. dass die Abstände zwischen den einzelnen Wiederholungen erst sehr eng sind und dann wie in einer Spirale immer größer werden dürfen. Man kann sich das bildlich folgendermaßen vorstellen: Wenn ein Begriff selten wiederholt und gebraucht wird, gleicht die Vernetzung, die zu ihm führt, einem schwer zu begehenden Trampelpfad, wird der Begriff häufiger gebraucht, wird daraus eine leichter zu passierende Straße und bei noch häufigerer Wiederholung wird daraus eine Autobahn, wobei analog dazu jeweils auch die Geschwindigkeit des Abrufs steigt.

Besonders hilfreich ist es dabei, Begriffe nach der Bedeutungssicherung in unterschiedlichen Kontexten zu verwenden, sodass auch die Bandbreite der Begriffsbedeutung und die möglichen Erscheinungsformen des jeweiligen Begriffs in Sätzen deutlich werden. Die Wichtigkeit von Kontext wurde bereits betont, denn sowohl im Erstspracherwerb als auch im Zweitspracherwerb werden zunächst kurze sprachliche Versatzstücke gelernt: so genannte *chunks* wie *"Would you please do XY?", "What is missing?" – "XY is missing", "Can somebody help me, please?"* usw. Die Kinder analysieren diese *chunks* nicht weiter, sondern benutzen sie funktional und nehmen sie ganzheitlich auf – sonst könnten Begriffe wie *"Would you please...?"* erst beigebracht werden, nachdem das Konditional behandelt wurde. Wenn die Schriftsprache noch nicht eingeführt ist, wissen die Kinder meistens nicht einmal, dass es sich bei den *chunks* um mehrere Einzelwörter handelt, sondern sie nehmen das ganze satzmelodische Gebilde als unsegmentierte Einheit wahr. *Chunks* befähigen zudem zur Kommunikation mit Muttersprachlern, denn sie sind schnell abrufbar und müssen in einer Konversation nicht immer neu konstruiert werden, da sie automatisiert sind.

Das Lernen in *chunks* ist auch die Basis für Lewis' *Lexical Approach* (1993, 1997), der darlegt, dass im Fremdsprachenunterricht nicht grammatikalisierte Lexis, sondern lexikalisierte Grammatik beigebracht werden sollte. Das bedeutet, dass jedes Wort und jeder *chunk* seine eigene Grammatik mitbringt und diese deshalb nicht weiter thematisiert werden muss. Wenn dem nicht so wäre, könnte eine pragmatisch korrekte englische Unterhaltung erst stattfinden, nachdem die gesamte Grundgrammatik abgearbeitet wurde. Dieses ist jedoch einerseits unsinnig und andererseits bei einem ganzheitlichen Umgang mit *chunks* nicht nötig. Darum ist es auch wichtig, bei der Einführung von neuen Begriffen nicht einfach *flashcards* hochzuhalten und dazu Einzelbegriffe zu nennen, sondern die neuen Begriffe sollten zumindest in einen kleinen englischen Satz eingebettet sein: *"This is a car."* Man benutzt eine Sprache/Fremdsprache ja nicht, indem man umhergeht und die Dinge, die man sieht, mit Einzelbegriffen benennt, da so keinerlei Konversation zustande kommen kann, sondern man drückt sich stets im Zusammenhang aus. Dieses können und sollten die Kinder von Anfang an erlernen. Hierzu gehört außerdem, dass nicht nur Nomina beigebracht werden, sondern auch Verben, Adjektive, Präpositionen usw., da diese zum Herstellen von sprachlichen Zusammenhängen unerlässlich sind.

Chunks sind ebenfalls wichtig in Bezug auf die pragmatische Komponente der Sprachkompetenz, da sie es ermöglichen, auf einfache Weise Formulierungen abzuwandeln: so kann z. B. die Formel *"I'm feeling XY"* jederzeit mit *happy, sad, cold, very very happy* etc. ergänzt werden oder auch negiert werden. Insbesondere sollten wir hier unser Augenmerk auch auf pragmatische „Andersartigkeiten" richten: sprachliche Umgangsformen, angefangen von Begrüßungen (inkl. der nonverbalen Kommunikation) über idiomatische Redemittel (*"You're welcome"* – die Übersetzung der Einzelbegriffe ergibt nicht den

Sinn der Aussage) bis hin zu unterschiedlichen strukturellen Bedeutungen der Mutter- und der Zielsprache. Ein Beispiel dafür ist die bereits erwähnte Benutzung des Imperativs (vgl. S. 19). Derartige pragmatisch korrekte Aussagen mit imperativer Bedeutung können auch Grundschülerinnen und -schüler erwerben, indem sie diese unanalysiert als *chunks* benutzen.

Nachdem wir nun die Wichtigkeit von vernetztem Lernen mehrfach betont haben, soll es sich im Folgenden um die Frage drehen, wie neues Vokabular ausgesucht wird. Hier greift zum einen der Aspekt des Lernerbezugs, d.h. das zu erlernende Vokabular muss für die Schülerinnen und Schüler sinnvoll im Alltag zu gebrauchen sein. Zumeist sind die entsprechenden Begriffe kurz und häufig sowie morphologisch wenig komplex. So reichen grundlegende Begriffe wie *cat* und *dog* und *bird* zunächst vollkommen aus. Erstspracherwerbende Kinder nutzen anfangs auch keine spezifischeren Kategorien und sagen nicht *"Look Mummy, there is a little wren/lark/sparrow etc."*, sondern *"There is a little bird"*. Zum anderen ist der Aspekt der Situationsabhängigkeit zu nennen: Wenn ich z.B. im *storytelling* eine bestimmte Geschichte behandeln möchte, sollte diese semantisch so gestaltet sein, dass das neue Vokabular im Vorfeld und/oder beim Erzählen eingeführt wird. Hier kann es natürlich vorkommen, dass ein bestimmter Begriff den oben genannten „Alltagsgebrauchskriterien" zwar nicht entspricht, aber in der Geschichte so häufig vorkommt, dass er nicht nur passiv eingeführt werden sollte. Dann ist es vertretbar, auch ein solches Wort einzuführen. Ein Beispiel dafür ist das Kinderbuch *"The Very Hungry Caterpillar"* (deutsch: „Die kleine Raupe Nimmersatt") von Eric Carle. Hier kann man sich entweder dafür entscheiden, der Raupe einen Namen zu geben (*Andy* oder *Betty* oder was auch immer) und so den Begriff *caterpillar* zu umgehen, oder man führt diesen Begriff als aktiv zu gebrauchende Vokabel ein.

Als Richtschnur für den Steilheitsgrad einer Geschichte sollte die Zahl „5" gelten, d.h. in einer Unterrichtsstunde sollten möglichst nicht mehr als fünf unbekannte, als aktives Vokabular zu benutzende Begriffe eingeführt werden. Enthält eine Geschichte mehr als fünf unbekannte Begriffe, stehen drei Handlungsmöglichkeiten zur Auswahl: die Einführung des neuen Vokabulars kann über mehrere Stunden verteilt werden (Vorsemantisierung), die Geschichte wird von der Lehrkraft verändert und einige unbekannte Worte werden durch bereits bekannte ersetzt (siehe oben das *caterpillar*-Beispiel) oder man kommt zu dem Schluss, dass nicht das gesamte neue Vokabular der Geschichte bekannt sein muss, um die Handlung verstehen zu können, wobei die Kinder dann von Verstehensinsel zu Verstehensinsel hüpfen können sollten – in diesem Fall betrachtet man die nicht eingeführten Begriffe als Teil des Sprachbads. Oft stellt sich bei dem letztgenannten Vorgehen auch heraus, dass trotzdem ein indirektes Lernen dieser „überzähligen" Vokabeln stattgefunden hat, da die Kinder deren Bedeutung teilweise auch ohne Semantisierung aus dem Kontext heraus verstehen können. Haben Kinder solche Begriffe häufig genug gehört, verwenden sie diese auch ohne explizite Bewusstmachung.

Die Zahl „5" ist selbstverständlich nur eine Richtschnur, die gelegentlich auch über- bzw. unterschritten werden kann. Ein Grund für eine Überschreitung kann zum einen darin liegen, dass bestimmte Begriffe für die Kinder leicht zu verstehen sind, da es sie auch im Deutschen gibt (*tennis*, *football* etc.) oder dass die Begriffe gemäß dem Prinzip des Kategorienlernens als Gruppe eingeführt werden sollten. So macht es beispielsweise wenig Sinn, die Einführung der englischen Monatsnamen auf zwei Unterrichtsstunden zu verteilen, sondern sie müssen im Zusammenhang bleiben (wobei natürlich etliche Monate den deutschen Monatsnamen sehr ähneln und dementsprechend ihre Semantisierung nicht schwierig ist).

Es gibt diverse Semantisierungsmöglichkeiten für neues Vokabular, die wichtigste davon ist sicherlich die Visualisierung. Diese ist bei konkreten Begriffen wie *cat* oder *apple* – und Vokabular für die Grundschule ist vorwiegend konkret – mittels *flashcards* durchführbar oder auch durch das Mitbringen von Realia (bei Haustieren eher ungeeignet!). Auch bestimmte Verben, zumeist Bewegungsverben, können einfach veranschaulicht werden, indem die jeweilige Bewegung (*to run, to jump* etc.) vorgeführt wird. Ähnliches gilt für emotionale Zustände: *Happiness* kann z.B. durch ein Lächeln und einen glücklichen, zufriedenen Gesichtsausdruck transportiert werden oder durch das Zeigen bzw. Malen eines Smileys. Auch Adverbien wie Farbausdrücke oder Wetterbeschreibungen können durch Zeigen und/oder *flashcards* gut veranschaulicht werden. Ebenso lassen sich räumliche Präpositionen (*in, on, under, next to* etc.) unter Zuhilfenahme einer Box und/oder anhand von Suchspielen vermitteln.

Nach dem Prozess der Semantisierung folgt die Aussprachefestigung (Reproduktion). Hierbei sollte man sich sehr viel Zeit lassen und möglichst viele Kinder die neuen Begriffe aussprechen lassen. Nachdem die Kinder die Aussprache der Lehrkraft mehrfach gehört haben, kann zunächst ein paar Mal im Chor und danach in kleineren Gruppen (*all the girls, all the boys, all children with red T-shirts, all children with blond hair* etc.) und in Variationen (*whisper, shout, say it in a happy/sad way* etc.) nachgesprochen werden. Schließlich sollten einzelne Kinder um Wiederholung gebeten werden, um eventuelle Aussprachefehler, die beim Gruppensprechen nur schwer zu hören sind, herauszuhören und ggf. korrigieren zu können.

Der Aussprachesicherung folgt das Üben der neuen Begriffe (Produktion). Hierzu eignen sich Spiele besonders gut (vgl. auch S. 45 ff.). Abgesehen vom „Begriffe-Raten" (wobei ein Schüler eine *flashcard* hochhält und fragt *"What is this?"*) oder *Fruit salad* (siehe S. 47) sowie weiteren anderen Spielen (*Paarspiel*, S. 47, *Bingo*, S. 48) eignet sich insbesondere die folgende Vorgehensweise hervorragend zum Üben der neuen Begriffe: Man legt z. B. die fünf *flashcards* mit den neuen Begriffen auf den Boden in der Mitte des Sitzkreises. Alle *flashcards* werden noch einmal benannt, dann geht ein Kind vor die Tür. Die anderen Kinder nehmen eine *flashcard* weg und ein Kind setzt sich auf seinem Stuhl darauf. Das Kind vor der Tür wird wieder hereingerufen und gefragt *"What's missing?"*. Es antwortet dann *"The (cat/dog/hamster/mouse/rabbit) is missing"* – wenn es nicht antworten kann, fragt es seine Klassenkameradinnen und -kameraden *"Who can help me?"* Dann geht das Kind im Sitzkreis umher und sucht die verschwundene *flashcard*. Dabei nennen die anderen Schülerinnen und Schüler den Begriff (*cat/dog/hamster/mouse/rabbit*) in der bekannten Heiß-/Kalt-Weise, d. h. wenn das suchende Kind nahe am Ort der *flashcard* ist, sprechen die Kinder den Begriff lauter, wenn es sich entfernt, leiser. Auf diese Weise spricht jede Schülerin und jeder Schüler bei mehreren Durchgängen die neuen Begriffe x-fach aus – und Spaß macht das Spiel den Kindern obendrein.

Nach einer solchen gelenkten Produktion folgt dann die Produktion in variierenden Kontexten. Hierbei werden die neuen Begriffe in Gesprächs- und Handlungssituationen verwendet. Wurden z. B. Begriffe für Lebensmittel eingeführt, können diese jetzt beim Einkaufen an einem (simulierten) Marktstand (vgl. S. 43) benutzt werden. Entsprechend können Kleidungsbegriffe an einem auszumalenden Männchen eingesetzt werden, das den Mitschülern dann vorgestellt wird: *"Jojo is wearing a red pullover, blue jeans and brown shoes."* Hier könnte ebenfalls ein *storytelling* (vgl. S. 36 ff.) folgen, in dem die neuen Begriffe eine zentrale Rolle spielen.

Zu beachten ist, dass für alle Abschnitte des Vokabellernens ausreichend Zeit zur Verfügung stehen sollte, außerdem sollte die Reihenfolge Verstehen – Aussprachetraining/Reproduktion – gelenkte Produktion – freie Produktion in wechselnden Kontexten eingehalten werden. Wenn zu Beginn die Aussprache gründlich geübt wird, vermeidet man in der Regel, die eben genannte Progressionskette zu unterbrechen und während der freien Produktionsphase erneut auf die Aussprache eingehen zu müssen. Die neuen Begriffe sollen – dem Prinzip der spiralförmigen Wiederholung folgend – in immer größer werdenden Abständen erneut geübt werden, um sie zum einen schneller aktivierbar zu machen und um sie zum anderen mit dem zu diesen Zeitpunkten neu hinzugekommenen Wortschatz kombinierbar zu machen. Eine solche Wiederholung dient natürlich ebenfalls der Überprüfung, ob die Vokabeln fest abgespeichert und abrufbar sind. Hier wird es häufiger Rückschritte zu vermelden geben, was jedoch kein Anlass zur Enttäuschung sein sollte, denn nicht alle Vokabeln werden sofort im Langzeitgedächtnis gespeichert, bei manchen braucht es mehrfache Wiederholungen. Dieses ist jedoch individuell verschieden und weder planbar noch vorhersehbar.

2.2.3 Grammatik

Erst seit kurzer Zeit wird der Bereich des Grammatiklernens in der Grundschule wissenschaftlich diskutiert, nachdem es zuvor meistens geheißen hatte, Grammatiklernen solle nicht in der Grundschule, sondern erst auf der Sekundarstufe stattfinden. Diesem Irrglauben liegt offenbar ein falsches Grammatikbild zugrunde. Ohne Grammatik ist Verstehen und Sprechen überhaupt nicht möglich, schließlich läuft niemand umher und äußert Einzelbegriffe – und selbst diese haben grammatische Eigenschaften. Was allerdings nach wie vor Gültigkeit hat, ist die Behauptung, dass in der Grundschule kein expliziter Grammatikunterricht und insbesondere kein Grammatikdrill stattfinden sollte. Das bedeutet jedoch nicht, dass die notwendige Grammatik nicht passiv bzw. intuitiv beherrscht werden sollte. Richtiges, grammatisch korrektes Sprechen und später auch Schreiben sind durchaus wichtige Lernziele, denn schließlich ist der Grundschulunterricht Englisch ergebnisorientiert. Diese Grammatik wird jedoch nicht regelhaft beigebracht und explizit eingeübt, denn es geht in der Grundschule um Sprach*können*, d.h. um den Aufbau eines unbewussten Regelsystems, und nicht um Sprach*wissen* – wir zielen dementsprechend auf den Aufbau einer funktionalen passiven grammatischen Kompetenz ab.

Genauso wie ein gewisser Wortschatz notwendig ist, um sich zielsprachenadäquat äußern zu können, ist auch ein Mindestmaß an Grammatik dafür notwendig – sie erweitert die Ausdrucksfähigkeit der Lernenden. Im Gegensatz zum Vokabular, bei dem jeder neue Begriff einzeln gelernt werden muss, ist Grammatik aufgrund der Abstraktheit ihrer Bedeutungen ein sehr ökonomischer und überschaubarer Lernbereich, da eine einzige grammatische Struktur wie z. B. das Plural-S auf die meisten Nomina übertragbar ist – nicht nur auf die bereits bekannten, sondern auch auf zukünftig noch zu erwerbende Nomina – aber trotzdem nur einmal gelernt werden muss. Insofern ist regelgeleitetes Lernen zeitsparend. Laut Mindt (2008: 7 f.) „verkürzen sich die Lernwege für alle Kinder durch regelgeleitetes Lernen in erheblichem Ausmaß" und ein Verzicht darauf stelle „eine gezielte Benachteiligung lernschwächerer Kinder" dar, die nicht so gut intuitiv sprachliche Hypothesen aus dem Input bilden könnten. Für die letztere Behauptung liegen allerdings noch nicht in ausreichendem Maße Nachweise vor. Man könnte umgekehrt behaupten, dass ein (wenn auch intuitives und nicht von der Lehrkraft forciertes) Erlernen von Regeln eine höhere kognitive Belastung darstellen kann, besonders wenn unser Ziel ein verstehendes Lernen und kein Auswendiglernen ist. Hier besteht noch Forschungsbedarf, obwohl alles darauf hinzudeuten scheint, dass es wenig sinnvoll sein dürfte, die Grammatik aus dem Grundschulunterricht auszuklammern.

Schließlich beinhaltet jeder einzelne Satz Grammatik – selbst ein simpler Satz wie *Peter sees Mary* beinhaltet komplexe Grammatikelemente:

- die Wortstellung im Satz: *SPO*
- die Transitivität des Verbs *see*
- die grammatische Zeit (*tense*): *present tense*
- die grammatische Person: *third person singular "s"*
- der grammatische Aspekt: *simple aspect*, i. e. *non-progressive*

(Wenn man in diesem Satz das *progressive* benutzen würde, ergäbe sich eine andere Bedeutung, nämlich dass Peter und Mary im Begriff sind, ein Paar zu werden oder schon eins sind (*"They are seeing each other"*), wobei *see* dann metonymisch für *meet* gebraucht wird. Verben der unwillentlichen Sinneswahrnehmung (*see* im Sinne von „sehen") können keinen *progressive aspect* tragen, sie können es erst dann, wenn die prototypische Bedeutung der Sinneswahrnehmung ersetzt wird durch eine marginalere Bedeutung wie „treffen", bei dem das Sehen nur einen Teil des ganzen Szenarios ausmacht.)

Eine solche Komplexität ist den Kindern natürlich nicht bewusst und soll ihnen selbstverständlich auch nicht bewusst gemacht werden – das Obige ist nur eine kurze Demonstration dessen, wie viel grammatisches Potenzial in diesem einen simplen Satz steckt, einer Art Satz, wie ihn die Kinder ständig hören und äußern – dieses zählt zur passiven grammatischen Kompetenz und kann als Teil eines ganzheitlich orientierten Unterrichts gesehen werden, bei dem die Grammatik keinen isolierten Aspekt darstellt, sondern funktional ihren Platz in der Sprachverwendung und Befähigung der Kinder zur Kommunikation findet. Die Lehrenden allerdings sollten dieses grammatische Potenzial kennen und korrekt und modellhaft benutzen.

Es gibt jedoch bestimmte Bereiche der englischen Grammatik, deren aktive Beherrschung auch für Grundschülerinnen und -schüler wichtig ist, da ohne diese nicht einmal eine rudimentäre englische Unterhaltung funktionieren kann. Dabei sollte man auch nicht die Strategie vertreten, alles Grammatische den Sekundarlehrinnen und -lehrern zu überlassen und die Schülerinnen und Schüler diese grammatischen Elemente in der Grundschule fehlerhaft und unkorrigiert verwenden zu lassen, denn bis zum Eintritt in die Sekundarstufe sind solche Fehler vermutlich bereits fossilisiert (Stichwort *interlanguage*, vgl. S. 10) und dann nur noch schwerlich korrigierbar. Es gibt im Übrigen mittlerweile bereits etliche Rahmen- und Teilrahmenpläne für Englisch in der Grundschule, die eine aktive bzw. passive Beherrschung bestimmter grammatischer Grundlagen für die Grundschule vorschreiben.

Im Folgenden wollen wir dementsprechend anhand einiger Beispiele aufzeigen, welche grammatischen Phänomene im frühbeginnenden Englischunterricht wie angesprochen werden können, um eine ansatzweise aktive Beherrschung der Grammatik in einigen ausgewählten Bereichen (größtenteils implizit) zu vermitteln. Auf nähere Anfragen von Kindern (die immer mal wieder kommen werden) können und sollen selbstverständlich auch Erklärungen gegeben werden, allerdings stets adressatengerecht und unter Verzicht auf abstrakte grammatische Terminologie. Die im Folgetext angesprochenen Bereiche betreffen so grundlegende grammatische Phänomene wie einige – vor allem räumliche – Präpositionen, das Plural-S, das 3. Person-Singular-S sowie die bestimmten und unbestimmten Artikel. Wir schließen mit einigen Bemerkungen zum grammatischen Aspekt der Progressivität.

Die räumlichen Präpositionen (*in, on, over, under*, evtl. auch die komplexeren Präpositionen *next to, in front of, behind*) lassen sich, wie oben bereits erwähnt, durch Realia (z. B. eine Box) gut einführen: die Lehrkraft demonstriert (*"I'm putting the book on the box", "I'm putting the book under the box"* usw.), die Schülerinnen und Schüler wiederholen und führen diese Handlungen zunächst nach Lehreranweisung und dann auch nach Anweisungen der Mitschülerinnen und -schüler selbst durch.

Zur Verständnisüberprüfung kann danach ein Bilddiktat folgen, bei dem die Kinder nach Lehreransage Bildelemente (Katze, Eiscreme) in eine vorgegebene Zeichnung malen oder kleben (*"The cat is on the chair"; "The ice cream is in the shopping basket"* etc.) und diese Zusammenhänge dann später auch eigenständig benennen oder selbst solche Zeichnungen vervollständigen und den Mitschülerinnen und -schülern vorstellen – wobei dann gern mal die Katze im Einkaufswagen landet und die Eiscreme auf dem Stuhl. Gerade Letzteres ist als „Spiel mit Sprache" ein Indiz dafür, dass die durchaus abstrakten Bedeutungen der Präposition korrekt erkannt und verwendet werden.

Zusätzlich können weitere geeignete Bilder „interpretiert" werden: *"Where is the ball?" – "It is under the chair."* Diese Übung kann ausgeweitet werden zu einer „Sachensuche" (à la Pippi Langstrumpf) im Klassenzimmer, bei der die Lehrkraft bestimmte Sachen vorweg an bestimmten Orten deponiert hat (*"Where is the ball?" – "The ball is under the chair."; "Where is the book?" – "The book is in the wastepaper basket."* etc.). Hier würde sich ebenfalls ein erweitertes *What's missing?*-Spiel eignen, bei dem Dinge im Klassenzimmer versteckt werden, nachdem eine Schülerin/ein Schüler die Klasse verlassen hat – dafür wird das eben benannte Szenario erweitert um Fragen wie *"Is the ball under the desk?" – "No, it isn't.", "Is the ball on the CD player?" – "Yes, it is."*

Die Präpositionen können gemäß dem Prinzip der spiralförmigen Wiederholung bei etlichen neuen Themen wieder aufgegriffen werden, so z. B. beim Thema „Ferienorte": *"Where are you?" – "I am in the garden."/"I am on the beach."*). Diese Reihenfolge sollte eingehalten werden, damit den Schülerinnen und Schülern das Bedeutungskonzept der jeweiligen Präposition bewusst wird – das Konzept von *in* ist *enclosure*, bei *in the box* wird es prototypisch gebraucht (*total enclosure*), bei *in the garden* haben wir einen etwas marginaleren Gebrauch (*partial enclosure*).

Ein zweites Beispiel betrifft die Pluralbildung. Diese sollte nach der im Mathematikunterricht erfolgten Einführung der Zahlen im Zehnerblock über regelmäßige Pluralformen eingeführt werden. Bereits bekannte Nomina werden mithilfe von Bildkarten oder Realia erst in der Einzahl und dann in der Mehrzahl benannt, dabei werden gleichzeitig die Zahlen wiederholt (*"This is a cat." – "These are two cats."; "This is a dog." – "These are four dogs."*). Dabei ist penibel auf die korrekte Aussprache des Plural-S zu achten, um die Übertragung der deutschen Auslautverhärtung zu verhindern: nach einem stimmlosen Konsonanten folgt ein stimmloses „s", nach einem stimmhaften Konsonanten folgt ein stimmhaftes „s". Dieses lässt sich leicht durch Bildkarten mit einer Schlange („Schlangen-S" = stimmhaft) und einer Biene („Bienen-S" = stimmlos) visualisieren, die bei eventuellen Aussprachefehlern hochgehalten werden können, um den Kindern die Möglichkeit einer Selbstverbesserung zu geben (vgl. KV 1 auf S. 49).

Auch hier kann die Einübung gut in Spielen „verpackt" werden: abgesehen von Bildbeschreibungen, Paarspiel, Bingo, Fruit salad etc. können beispielsweise von zwei Stapeln Karten gezogen werden – ein Stapel besteht aus Karten mit Gegenständen und der andere Stapel aus Zahlenkarten. Aus den beiden Karten muss dann ein Plural konstruiert werden (*seven melons, four apples*) (vgl. auch KV 15 a – e, S. 81 ff. und KV 20 a – e, S. 95 ff.) Ähnliches erreicht man mit zwei Würfeln, einer mit Zahlen (wo dann zwar nur sechs verschiedene Zahlen möglich sind, aber es geht ja nicht um die Einführung von Zahlen, sondern vom Plural-S) und einer mit Bildern.

Unregelmäßige Pluralformen, die z. B. häufig in Geschichten vorkommen (wie *mice* oder *children*) kann man zunächst umformulieren in *one mouse and another mouse* oder man kann den Mäusen einfach Namen geben (*Peter and Mary*), was jedoch auf Dauer zu mühsam werden könnte. Deshalb sollten diese unregelmäßigen Pluralformen individuell bei Bedarf eingeführt werden und sie müssen dann wie Vokabeln gelernt und geübt werden.

Besonders produktiv ist auch die Einführung des 3. Person-Singular-S – wenn auch die Kinder zu Beginn des Englischunterrichts zunächst lernen, über sich selbst oder über ihre Familie (*we*) zu sprechen und dafür das 3. Person-Singular-S nicht benötigen, kommt doch relativ schnell der Zeitpunkt, zu dem über dritte Personen gesprochen wird und auch im *storytelling* geht es zumeist um die Erlebnisse einer dritten Person. Zwar lassen sich solche Geschichten umwandeln, indem man sie in die Ich-Form umsetzt oder viel wörtliche Rede einbaut, aber am 3. Person-Singular-S kommt man auf Dauer nicht vorbei. Auch hier ist die Übertragbarkeit dieser einen abstrahierten Regel sehr hoch, da sie sich auf die meisten Verben anwenden lässt, wobei auch hier wiederum wegen der Gefahr der Übertragung der deutschen Auslautverhärtung auf phonologische Besonderheiten geachtet werden muss: wie beim Plural-S wird auch das 3. Person-Singular-S nach einem stimmlosen Konsonanten stimmlos ausgesprochen (*He/She sings* mit „Bienen-S") und nach einem stimmhaften Konsonanten stimmhaft (*He/She kicks* mit „Schlangen-S").

Neben den Bienen- und Schlangen-S-Flashcards eignet sich zur Einübung des 3. Person-Singular-S auch ein kontrastives Vorgehen: *I* vs. *he/she* z. B. im Rahmen eines TPR-inspirierten leicht abgewandelten *Simon says*-Spiels. Dabei nennt die Lehrkraft bestimmte Nomen-Verb-Kombinationen und immer, wenn eine 3. Person Singular genannt wird, müssen die Kinder z. B. aufhören, im Kreis zu laufen (oder andere Aktivitäten auszuführen), bei einer 1. Person Singular müssen sie jedoch weiterlaufen. Das bringt die Kinder zum genauen Zuhören. Als nächste Stufe kann man auch hier mit einem Würfelspiel arbeiten – bei *What they like* zeigt ein Würfel Bilder von Kindern (ein Kind vs. mehrere Kinder) und ein anderer Würfel zeigt einen Gegenstand. Aus dem Würfelergebnis bilden die Schülerinnen und Schüler dann Sätze wie *"He/She likes horses."* oder *"They like ice cream."* Es empfiehlt sich, hier Zustandsverben zu benutzen, da Bewegungsverben im *progressive* stehen müssten (z. B. *"He/She is playing tennis."*). Alternativ lässt sich diese Übung auch als Bingo-Spiel durchführen (KV 18, S. 91), wobei auf den Schülerbögen ein oder mehrere Kinder diejenigen Kästchen auskreuzen müssen, die die Lehrkraft benannt hat – hierbei wird z. B. *"Peter likes ice cream."* mit *"Peter and Mary like ice cream."* kontrastiert. Auch hier müssen die Kinder genau hinhören, ob ein *‚s'* verwendet wird oder nicht, zusätzlich können sie sich an Singular vs. Plural orientieren. Wer *"Bingo!"* rufen kann, darf daraufhin sein Blatt der Klasse vorstellen.

Nach dieser Reproduktionsphase kann dann zur Produktion übergegangen werden, indem die Kinder z. B. mit Hilfe eines vorstrukturierten Fragebogens bestimmte Mitschülerinnen und Mitschüler über ihre Vorlieben und Abneigungen (*"Do you like ice cream?", "Do you like cats?"* etc.) interviewen und zum Schluss in einer Präsentationsphase die anderen Klassenkameradinnen und -kameraden darüber informieren: *"Thomas likes ice cream, he also likes dogs and he does not like homework."* In einer solchen Übung werden die 2. Person Singular und die 3. Person Singular funktional kontrastiert und ihr Gebrauch prägt sich noch besser ein.

Auch auf den korrekten Gebrauch des bestimmten bzw. unbestimmten Artikels sollte besonders geachtet werden. Der Gebrauch ist zwar nicht anders als im Deutschen (unbestimmter Artikel bei noch nicht erwähnten Nomina, bestimmter Artikel bei bereits erwähnten Nomina, kein Artikel bei generischen Ausdrücken wie *"I like ice cream"*), aber es ist auffällig, dass hier doch häufig Fehler gemacht werden. Dieser Bereich muss den Kindern normalerweise nicht gesondert bewusst gemacht werden, jedoch sollte sich die Lehrkraft hier um eigenes korrektes Sprechen bemühen und Fehler der Schülerinnen und Schüler auch korrigieren. Hier hilft eine Gegenüberstellung mit dem Deutschen: Bei einer fehlerhaften Äußerung einer Schülerin/eines Schülers wie *"This is a dog. A dog is called Skinny."* bittet man um eine Übersetzung und fragt dann, ob das denn im Deutschen so korrekt sei. Vielen Schülerinnen und Schülern ist nicht klar, dass die Artikel verschiedene Referenzfunktionen haben und nicht einfach austauschbar sind. Im Deutschen machen sie es intuitiv richtig, und diese Intuition sollte möglichst frühzeitig auch auf das Englische übergreifen.

Schließlich verdient noch der grammatische Aspekt der Progressivität (*progressive aspect*) unsere Aufmerksamkeit. Er soll keinesfalls, wie auf der Sekundarstufe üblich, explizit in Gegenüberstellung mit dem *simple present* präsentiert und geübt werden, aber es sollte von der Lehrkraft stets darauf geachtet werden, selbst alle Verben korrekt zu verwenden; so müssen z.B. Verben der Bewegung immer im *progressive* gebraucht werden (*"I am running"*), weil diese im *non-progressive* eine andere Bedeutung haben (*I run = It is my hobby*). Der progressive Aspekt hat, vereinfacht formuliert (genauer nachzulesen in Niemeier & Reif 2008), die Aufgabe, zu „entgrenzen“, d.h. Anfang und Ende einer Aktivität nicht zu fokussieren, sondern nur den „Mittelteil“ im Verlauf. Dieses geht bei einer habituellen Handlung (Hobby, Beruf) natürlich nicht, da es sich um kein wirkliches Ereignis handelt, sondern um eine ganzheitliche Aussage. Umgekehrt müssen Verben, die Zustände bezeichnen (*I know; My name is XY; I love my pet rabbit* etc.), stets im *non-progressive* stehen, da sie semantisch bereits „entgrenzt“ sind und daher nicht zusätzlich vom *progressive* entgrenzt werden können. Beide Arten von Verben sind bereits ab den allerersten Englischstunden notwendig – Kinder treffen mittels Zustandsverben Aussagen über sich selbst (im *non-progressive*), reden aber auch über aktuell stattfindende Handlungen und Bewegungen (im *progressive*).

Diese Korrektheit ist deshalb so immens wichtig, weil die Kinder ihre Hypothesen zur Sprachverwendung auf der Basis des Lehrerinputs sowie auf der Basis des Lehrerfeedbacks bilden. Wenn am Anfang nicht auf die korrekte Verwendung des grammatischen Aspekts geachtet wird, gibt es später Fehlleistungen – so ergaben Korpusanalysen, dass bei Schülerinnen und Schülern der 10. Klasse 50 % aller Fehler Aspektfehler sind, selbst bei Englischstudierenden sind es noch gut 40 %. Es lohnt sich also, dieser enormen potenziellen Fehlerquelle (die daraus resultiert, dass der Aspekt im Deutschen im Gegensatz zum Englischen nur optional lexikalisch markiert wird und man sich nicht wie im Englischen bei jedem einzelnen Verb fragen muss, ob man eine „Begrenzung“ oder eine „Entgrenzung“ ausdrücken möchte) von Anfang an entgegenzuwirken.

2.2.4 Kommunikative Kompetenz

Das Hauptlernziel jeglichen Fremdsprachenunterrichts ist interkulturelle kommunikative Kompetenz. Das Erwecken von interkultureller Bewusstheit wurde bereits ausgiebig diskutiert (vgl. S. 17 ff.), jedoch sollten wir dem Bereich „Kommunikative Kompetenz“ an dieser Stelle noch einige weitere Gedanken widmen. Außer den in diesem Kapitel bereits erwähnten sprachlichen Bereichen gehören folgende weitere Aspekte hinzu, die auch im Grundschulunterricht bereits eine wichtige Rolle spielen: pragmatische Korrektheit, der Einsatz nonverbaler Kommunikationsmittel sowie die Kombination von verbalen und nonverbalen Kommunikationsmitteln.

Pragmatische Korrektheit geht über den zielsprachengerechten Gebrauch von Vokabular und Grammatik hinaus. Ein bereits erwähntes Beispiel ist zielsprachenadäquat kodierte sprachliche Höflichkeit – wir erinnern an das Beispiel des „Imperativs“ (vgl. S. 19). In diese Rubrik gehört weiterhin das korrekte Anredeverhalten. Zwar ist eine Du/Sie-Unterscheidung im Englischen nicht vorhanden, aber man sollte auf keinen Fall den Fehler begehen, vom Gebrauch des *you* darauf zu schließen, dass man mit der entsprechenden Person näher bekannt oder gar befreundet ist. Aus dem Vergleich mit dem Deutschen heraus neigen etliche deutsche Englischsprechende jedoch genau dazu und sie bewahren dadurch zu wenig Distanz zu englischen Muttersprachlern, was für diese befremdlich sein kann. Eine solche Distanz ist jedoch notwendig, um die nicht wie im Deutschen durch das Siezen geschaffene Distanz zu kompensieren. Dieses wird am leichtesten durch zielsprachen-pragmatisch korrekte kleine Dialoge eingeübt. Hier bieten sich vor allem einfache

Rollenspiele an – die Klasse wird durch vorbereitete Kärtchen mit Namen, Herkunftsort und Alter eingeteilt in „Engländer" und „Deutsche", die sich „zufällig treffen". Sie fragen sich nach ihrem Namen (*"What is your name?"*), ihrer Herkunft (*"Where do you come from?"*), ihrem Alter (*"How old are you?"*) sowie nach ihrem Befinden (*"How are you?"*). Die Befragten antworten entsprechend: z. B. *"My name is Jonathan/Mr Miller", "I come from New York", "I am 7/35 years old"* und *"I'm fine, thank you. And you?"* Ein Vergleich mit den entsprechenden deutschen Anredeformen und Fragen führt sodann in das Thema des Siezens bzw. Nicht-Siezens ein, um den Kindern bewusst zu machen, dass Höflichkeit bzw. Distanz im Englischen linguistisch anders kodiert werden als im Deutschen. Wenn auch Kinder zu Beginn ihrer Grundschulzeit das „Sie" noch nicht konsequent benutzen, sollte hier doch schon aufmerksam gemacht werden auf die unterschiedlichen pragmatischen Strategien.

Von besonderer pragmatischer Relevanz ist dabei die letztgenannte Antwort. Die Frage nach dem Befinden (*"How are you?"*) ist im Englischen noch viel weniger als im Deutschen eine Informationsfrage, sondern ein sogenannter phatischer Sprechakt. Hier geht es nur darum anzuzeigen, dass die Kommunikationskanäle geöffnet sind, dass man dem Anderen gegenüber freundlich gesinnt ist und dass man ggf. gewillt ist, ein „wirkliches" Gespräch zu führen. Eine negative Antwort auf die Frage *"How are you?"* ist für Engländer inakzeptabel, außer bei guten Bekannten, bei denen man tatsächlich etwas über den Gesundheitszustand erfahren will, d. h. wo es in der Tat um Informationen geht. Auf der Smalltalk-Ebene ist ausschließlich eine positive Antwort möglich, stets begleitet von einem *"... and you?"* Letzteres ist im Deutschen zwar auch einigermaßen normal, aber bei Weitem nicht so zwingend erforderlich wie im Englischen. Diese subtilen Unterscheidungen sollten von der Lehrkraft nicht bewusst thematisiert werden, sondern nur dann, wenn seitens der Schülerinnen und Schüler Fragen dazu gestellt werden. Wichtig ist insbesondere, dass alle englischen Minidialoge den Regeln der englischen Pragmatik folgen und dass so wiederum die Vorbildfunktion der Lehrersprache im Sprachbad und beim Präsentieren neuer *chunks* in den Mittelpunkt rückt. Dieses gilt entsprechend auch für *classroom phrases* wie *"Who can/could help me?"* (anstatt des Deutschen „Wer kann mir (mal) helfen?"). Ebenso bedeutsam ist es, Kindern möglichst frühzeitig sprachliche Strategien zum Ausdruck von Nichtverstehen beizubringen: *"Say it again, please", "Please speak more slowly", "Could you please explain ... (XY)?"* – diese *chunks* sind notwendig, um pragmatisch angemessen um sprachliche Unterstützung zu bitten – sei es gegenüber der Lehrkraft oder gegenüber einer Muttersprachlerin oder einem Muttersprachler. Die Unterschiede zum Deutschen mögen banal klingen, unterscheiden aber im Endeffekt einen *near-native speaker* mit interkultureller kommunikativer Kompetenz von einem Dilettanten.

Die besondere Wichtigkeit des Einübens und Spielens von kleinen Dialogen liegt gerade darin, dass man sich auf einen Gesprächspartner einlassen muss und nicht, wie sonst oft im Unterricht, für die und vor der Lehrkraft monologisiert. „Kommunikation" hat stets mehr als einen Teilnehmer und genau diese Kompetenz soll eingeübt werden. Hier bietet sich besonders der Einsatz einer Handpuppe an (vgl. auch S. 102), denn um einen Dialog zu präsentieren, braucht man nun einmal einen Kommunikationspartner und wenn man nicht das Glück hat, ein Kind mit englischsprachigem familiären Hintergrund in der Klasse zu haben, ist eine Handpuppe die beste Wahl. Sie lässt sich von Anfang an als „rein englischsprachige" Persönlichkeit in den Unterricht einbeziehen und bietet somit auch eine ziemlich authentische Möglichkeit, landeskundliche Aspekte zu vermitteln. Eine britische/amerikanische/australische Puppe kann aus dem Alltag ihres Herkunftslandes berichten, kann kulturelle Unterschiede staunend kommentieren und ist – da sie ja kein Deutsch spricht – ein Anlass für die Kinder, die Fremdsprache zu benutzen.

Eine besondere Rolle spielt dabei der Einsatz nonverbaler Kommunikationsmittel wie Mimik, Gestik und Stimm-Modulation. Diese erleichtern den Schülerinnen und Schülern nicht nur das Verständnis eines Sprachbades im Klassenraumdiskurs oder eines *storytelling* ungemein, sondern sie sind auch ein wichtiger Bestandteil jeglicher mündlicher Kommunikation. Wenn die Schülerinnen und Schüler einem Sprachbad folgen und von „Verstehensinsel" zu „Verstehensinsel" hüpfen, benötigen sie dafür zuverlässige „Wegweiser". Erzählt die Lehrkraft zum Beispiel eine Geschichte von einem wütenden (glücklichen, traurigen etc.) Kind oder Tier, so mögen die entsprechenden englischen Begriffe zwar nicht bei jeder Schülerin oder jedem Schüler präsent sein. Zusammen aber mit einem wütenden (glücklichen, traurigen etc.) Gesichtsausdruck und der entsprechenden Stimmfärbung seitens der Lehrkraft verstehen die Kinder, welche Emotion die Hauptfigur gerade durchlebt. Auch Spannung lässt sich leicht durch eine tiefere, langsamere, flüsternde Sprechweise erwecken, wobei auch hier der passende Gesichtsausdruck (leicht aufgerissene Augen, hochgezogene Brauen) eine zusätzliche Verständnishilfe darstellt.

Auch Alltagskommunikation ist stets begleitet von paraverbalen (Stimmfärbung, Sprechtempo, Pausen etc.) und nonverbalen Zeichen. Diese zeigen nicht nur Emotionen an, sondern strukturieren auch das Gesagte, indem wir z. B. mit sogenannten „Schlagstockbewegungen" Betonungen setzen, durch unseren Gesichtsausdruck Interpretationshilfen liefern oder durch unsere Körperhaltung unsere Einstellung gegenüber unserer eigenen Aussage indirekt mitteilen. Man stelle sich nur einmal einen Nachrichtensprecher im Fernsehen vor, der eine negative Nachricht mit einem positiven Gesichtsausdruck verliest – sofort überlegen wir, ob wir die Nachricht eventuell missverstanden haben. In entsprechenden Experimenten hat sich gezeigt, dass wir dem Gesichtsausdruck deutlich mehr Bedeutung beimessen als dem sprachlichen Inhalt. All dieses ist ein Plädoyer dafür, die nonverbalen Elemente der Kommunikation im Fremdsprachenunterricht nicht zu unterschätzen und sie ausgiebig, ruhig auch übertrieben, zu nutzen, um Verständnis anzubahnen und zu erleichtern. Setzen Sie Ihre schauspielerischen Fähigkeiten ein, ruhig auch im Gebrauch einer Handpuppe, deren Stimme und Gestik sich von der Ihrigen deutlich unterscheiden sollte, um den dialogischen Charakter der Sprechsituation für die Lernenden nachvollziehbar zu machen.

Nachdem nun die Lernziele eines frühbeginnenden Englischunterrichts ausführlich diskutiert wurden, sollten wir uns noch einmal genauer mit der Ergebnisorientierung eines solchen Unterrichts befassen. Dementsprechend wird der Schwerpunkt im folgenden Kapitel auf dem Thema „Fehler und Bewertung" liegen.

Fehler und Bewertung

3

Die Ergebnisorientierung des frühbeginnenden Englischunterrichts wurde bereits mehrfach angesprochen. Ergebnisse sind messbar, dementsprechend müssen auch die Ergebnisse des frühbeginnenden Englischunterrichts identifizierbar und messbar sein. Im Folgenden fokussieren wir deshalb drei mit dieser Aussage unmittelbar zusammenhängende Aspekte: Zum einen beschäftigen wir uns noch einmal mit der Rolle von Fehlern sowie mit Korrekturmöglichkeiten, zum anderen diskutieren wir die Überprüfbarkeit der jeweiligen Lernzuwächse der Schülerinnen und Schüler und daran anschließend thematisieren wir das Thema der Bewertung, da durch Bewertung die Lernleistungen dokumentiert werden.

Zunächst möchten wir näher auf den Begriff „Fehler" eingehen, dem nach wie vor häufig ein negativer Beigeschmack anhaftet. Die landläufige Meinung besagt, dass Fehler etwas Schlechtes sind und vermieden werden sollten. Wir möchten in diesem Zusammenhang jedoch erneut auf die Theorie der *interlanguage* (vgl. auch S. 10.) verweisen, die – ebenso wie der Konstruktivimus – den Lernprozess als Hypothesenaustestung versteht. Lernende generieren aus dem sprachlichen Input Hypothesen bezüglich der Aussprache, der Wortwahl, der Struktur oder des Gebrauchs der Fremdsprache und testen diese Hypothesen dann in ihrer Sprachproduktion. Hier ist zu beachten, dass eine Hypothese noch nicht den Status von etwas Erlerntem hat, sondern nur ein Weg dorthin sein kann. Wird eine Hypothese mehrfach bestätigt, verfestigt sie sich bei jedem Mal stärker und wird so zu „erlerntem Wissen". Eine solche Bestärkung erfolgt idealerweise durch eine positive Rückmeldung seitens der Lehrkraft (*"Yes, that's right/ correct", "Well done!"* etc.), kann aber auch die Folge einer Nicht-Korrektur sein – denn wenn die Lehrkraft etwas nicht korrigiert, wird es nach Meinung der Schülerinnen und Schüler wohl richtig sein. Wird eine Hypothese nicht bestätigt – d. h. wird ein Fehler gemacht und wird die Schülerin oder der Schüler auf diesen Fehler aufmerksam gemacht – muss aufgrund der dann veränderten Inputlage eine neue Hypothese gebildet und diese dann entsprechend auch wieder ausprobiert werden.

Hier wird zum einen deutlich, wie wichtig das Lehrerfeedback ist, aber zum anderen wird auch die Rolle des Fehlers revidiert. Ein Fehler ist als äußeres Anzeichen eines sprachlichen Konstruktionsprozesses zu sehen, als eine Rückmeldung für die Lehrkraft darüber, inwieweit deren Input bei den Schülerinnen und Schülern zum *intake* geworden ist. Die Gleichung Input = *Intake* = *Output* funktioniert nicht in linearer Weise, sondern der *Input* muss von den Schülerinnen und Schülern in das bereits vorhandene sprachliche Fundament eingepasst werden können, um Lücken in diesem Fundament schließen zu können und um dieses Fundament dann nutzen und die Mauern höher bauen zu können – um die Baumetapher wieder aufleben zu lassen. Fehler der Schülerinnen und Schüler sind die einzige Möglichkeit für die Lehrerin oder den Lehrer, den Konstruktionsprozess ihrer Kinder zu beobachten und darauf durch Anpassung des Inputs flexibel reagieren zu können. Insofern sind Schülerfehler unverzichtbare Indikatoren und Hilfsmittel für die Lehrkraft, um einen interaktiven und erfolgreichen Unterricht anbieten zu können.

Lernenden ist grundsätzlich nicht damit geholfen, wenn man Fehler höflich lächelnd übergeht, denn so haben sie keine Chance, ihre Hypothesen zu testen und auf authentisches Feedback zu hoffen, das sie bei der Verifikation bzw. Falsifikation ihrer Hypothesen unterstützen würde. Ebenso wenig hilft es, darauf zu vertrauen, dass den Lernenden im Laufe der Zeit ihre Fehler von selbst auffallen würden. Stattdessen brauchen Lernende ein nichtverletzendes, aber ehrliches Feedback seitens der Lehrperson, das sie auf ihre bisherige, als korrekt empfundene, aber nicht normgerechte Form aufmerksam macht.

Kompliziert wird die Sachlage dadurch, dass sich hier zwei Maximen zu widersprechen scheinen: Zum einen haben wir gerade dargelegt, dass Lehrerfeedback zwingend notwendig ist, um die Konstruktionsprozesse der Lernenden auf positive Weise voranzutreiben, zum anderen aber ist es im handlungsorientiert angelegten Unterricht wichtig, eine höhere Fehlertoleranz im Sinne von *message before accuracy* zu pflegen (vgl. auch S. 14). *Message before accuracy* bedeutet, dass nicht gleich jeder Fehler korrigiert wird, solange die Bedeutung des Gesagten erkennbar ist, um die Schülerinnen und Schüler nicht zu entmutigen und um insbesondere scheuere Kinder nicht davon abzuhalten, weitere englische Äußerungen zu „wagen". Dieses ist insbesondere nach der *silent period* (vgl. S. 14f.) von Bedeutung, wenn die Kinder sich dann endlich trauen, aktive sprachliche Beiträge zu liefern. Wie entgeht man dem Widerspruch der beiden Maximen bzw. wie kann man beiden zugleich gerecht werden? Hier ist tatsächlich viel Fingerspitzengefühl gefragt, und unterschiedliche Fehler verlangen eine unterschiedliche Behandlung.

Betrachten wir zunächst die Aussprachefehler: Wie weiter oben (vgl. S. 14f.) bereits ausführlich dargelegt, wird die Basis einer guten Englischaussprache im Grundschulunterricht gelegt, da dieses im vorpubertären Alter durch neurophysiologische Gegebenheiten begünstigt wird. Das bedeutet, dass Aussprachefehler stets korrigiert werden sollten. Dieses sollte jedoch nicht durch Äußerungen wie *"No"* oder *"That's wrong/not correct"* geschehen, sondern in unaufdringlicher, einfühlsamer Weise. Die Fremdsprachendidaktik unterscheidet zwischen *error* und *mistake*, wobei ein *mistake* ein Flüchtigkeitsfehler ist, der aus Zeitmangel oder bedingt durch andere Stressfaktoren passiert, während ein *error* ein Fehler im Sprachsystem ist, der stets an derselben Stelle gemacht wird, weil eine Hypothese falsch angelegt und gespeichert wurde. Normalerweise kennt man seine Schülerinnen und Schüler gut genug, um zu wissen, was ein Flüchtigkeitsfehler und was ein systematischer Fehler ist – über *mistakes* kann man stillschweigend hinweggehen und sie einfach nur korrekt wiederholen, bei *errors* dagegen muss man schon deutlich mehr Zeit investieren, um deren Fossilisierung entgegenzuwirken.

Im Fall von *errors* kann man z.B. das falsch ausgesprochene Wort korrekt wiederholen und die Schülerinnen und Schüler auffordern, es noch einmal nachzusprechen (*"Say after me, please ..."*, *"And now you..."*). Ein richtiges Nachsprechen sollte dann auch entsprechend gelobt werden, weil sich durch dieses Erfolgserlebnis die korrekte Aussprache festigt, da das Wort dann zusammen mit dem Lob gespeichert wird. Schafft eine Schülerin oder ein Schüler es nicht, das Wort korrekt nachzusprechen und es liegen keine physiologischen Gründe dafür vor, sollte die Lehrkraft es durchaus mehrfach versuchen. Dabei kann das Wort dann ruhig sehr deutlich mit übertriebenen Mundbewegungen gesprochen werden. Ist auch dieser Versuch erfolglos, sollte die Lautbildung des Wortes auf möglichst spielerische und kindgerechte Weise genau erklärt werden (vgl. auch S. 15), wozu ein entsprechendes phonetisches Grundwissen seitens der Lehrkraft notwendig ist. Manche Kinder verkraften allerdings solche ausgedehnten Ausspracheübungen nicht, so dass diese über einen längeren Zeitraum verteilt werden müssten – hier kann nur die Lehrkraft, die die Kinder kennt, beurteilen, was möglich ist und was nicht. Man sollte sich stets vor Augen halten, dass jegliches Aussprachetraining sich später auszahlt und dementsprechend sollte die Zeit dafür stets vorhanden sein.

Die Unterscheidung zwischen *error* und *mistake* greift auch bei Wortwahlfehlern – bei einem falsch gewählten Wort, das die Schülerin bzw. der Schüler aber eigentlich kennen sollte, wird das korrekte Wort von der Lehrperson in der Antwort verwendet, ggf. mit einer Zusatzäußerung versehen (*"I think you mean XY"*). Erst wenn eine Schülerin oder ein Schüler systematisch ein falsches Wort für ein bestimmtes Konzept verwendet (= *error*), sollte die Lehrkraft ausdrücklicher einhelfen, beispielsweise durch eine Nachfrage wie *"Are you sure?"*, um eine Revision der Aussage zu ermöglichen. Hier ist es oft auch hilfreich, wenn die Lehrkraft etwas übertreibt und mimisch ihr Unverständnis darstellt, auch wenn sie eigentlich weiß, was die Schülerin oder der Schüler gemeint hat. Ein solches Vorgehen zielt darauf ab, den Schülerinnen und Schülern den Fehler bewusst zu machen, damit sie diesen in Zukunft vermeiden können. Auf keinen Fall sollten Fehler der Schülerinnen und Schüler von der Lehrkraft wiederholt werden, denn besonders Grundschulkinder neigen dazu, Äußerungen der Lehrkraft für richtig zu halten und unhinterfragt zu übernehmen. Dies ist besonders gefährlich in Bezug auf Kinder, die gerade nicht aufgepasst haben, weil sie nicht dran waren und dann nur dieses eine Wort ohne den Korrekturkontext wahrnehmen und abspeichern.

Bei Struktur- und Grammatikfehlern in Äußerungen der Kinder sollte nicht explizit korrigiert werden, da dieser Bereich auch nicht explizit unterrichtet wird. Nur in den – eher seltenen – formorientierten Phasen des Unterrichts, d.h., wenn ein Grammatikthema Lerngegenstand ist

(z. B. das 3. Person-Singular-S), sollte auch hier auf Korrektheit geachtet werden. In inhaltsbezogenen Phasen, die ja den Großteil des frühbeginnenden Englischunterrichts ausmachen, sollten strukturell fehlerhafte Äußerungen von der Lehrkraft einfach nur korrekt wiederholt werden. Sagt eine Schülerin oder ein Schüler z. B. *"Mary sing a song"*, sollte die Lehrkraft antworten *"Yes, that's right, Mary sings a song"* und den Fehler nicht weiter kommentieren. Hier gilt definitiv: *message before accuracy*.

Anders sieht es bei pragmatischen Fehlern aus – hier verweisen wir auf die Diskussion auf S. 28 ff. Pragmatische Fehler müssen angesprochen und im Sinne des *intercultural awareness raising* mit den Lernenden besprochen werden. Wegen der damit meist verbundenen sprachlichen Komplexität wird eine solche Besprechung vermutlich auf Deutsch stattfinden.

Man könnte nun davon ausgehen, dass die Lernleistung der Schülerinnen und Schüler dadurch überprüfbar ist, dass sie keine oder nur wenige Fehler machen. Fehlerzählen allein sagt jedoch nur wenig aus über das Erreichen des übergeordneten Lernziels der interkulturellen kommunikativen Kompetenz. Fehler (im Sinne von *mistakes*) können ständig und immer wieder vorkommen, insbesondere in formalisierten Testsituationen, die den Lernenden Stress verursachen. Dementsprechend sind punktuelle Leistungsüberprüfungen, so sie nicht vom Lehrplan vorgeschrieben sind, keine besonders geeignete Art, den Lernzuwachs der Kinder zu messen, da sie das Leistungspotenzial der Kinder nicht verlässlich wiedergeben. Viel sinnvoller sind kommunikative und pragmatische Tests, bei denen die Kinder z. B. nach Vorgabe bestimmte kleine Dialoge sprechen oder sich an einem Rollenspiel beteiligen. Ein Beispiel dafür wäre ein Dialog am Frühstückstisch – nachdem die morgendlichen Begrüßungen ausgetauscht wurden, fragt ein Kind *"Would you like some milk?"* und das andere Kind soll entsprechend antworten *"Yes, please"* oder eben *"No, thank you"*. Wenn die Kinder zunächst nichts sagen, sollte die Lehrkraft Hinweise geben wie *"What do you/can you say now?"* oder den Anfang der Antwort als Hilfestellung vorsagen. Im weiteren Verlauf kann die Lehrkraft oder auch eine Mitschülerin oder ein Mitschüler verbale oder nonverbale „Bühnenanweisungen" geben (*"You would like some toast now"*), die das Kind in eine Frage an den Interaktionspartner umwandeln muss. Hier werden gleich mehrere sprachliche Komponenten getestet: die Aussprache, der Wortschatz, die Beherrschung bestimmter *chunks* sowie die pragmatische Angemessenheit der Schüleraussagen.

Sollten laut Richtlinien Noten notwendig sein, sollten auch diese möglichst für pragmatische Tests und nicht für Leistungstests vergeben werden, wie sie aus der Sekundarstufe bekannt sind (Vokabeltests, Diktate, Lückentexte). Da der Unterricht in der Grundschule ganzheitlich angelegt ist, sollten auch ganzheitliche Tests verwendet werden. Diese sind zwar schwieriger konzipierbar und benotbar, dafür sind sie aber auch aussagekräftiger. Die Lehrkraft sollte vor einem solchen Test die einzelnen Kompetenzen, die sie von den Kindern erwartet, schriftlich formulieren (z. B. korrekte Aussprache des *th*, Gebrauch eines bestimmten Wortschatzes, Gebrauch der korrekten Begrüßungsrituale und Höflichkeitsformen) und ebenfalls notieren, wie sich diese Kompetenzen operationalisieren lassen, d. h. wie sie sich im Sprachgebrauch zeigen können (manchmal gibt es mehrere korrekte Lösungen, so z. B. bei den Anredeformen: *"Good morning, Peter", "Hi there, Peter", "Hello Peter"* etc.).

Geeigneter als Noten sind im frühbeginnenden Englischunterricht Portfolio-Beurteilungen, die es in vielen Bundesländern bereits gibt. Portfolios bestehen aus einem Heft für jedes Kind, in das dessen Fremdsprachenkenntnisse vom Kind selbst eingetragen werden. Der erste Eintrag erfolgt beim Frühbeginn zumeist nach dem ersten Schuljahr, danach im halbjährlichen Rhythmus, wodurch die Fortschritte im Verlauf dokumentiert und nachvollziehbar werden. In einigen Bundesländern ist das Portfolio von allen Fremdsprachenlehrenden in der Grundschule verpflichtend einzusetzen.

Nun ist eine Selbsteinschätzung gerade für Erstklässler noch sehr schwierig und sie benötigen deshalb explizite Anleitungen und Hilfestellungen von der Lehrkraft. Zwar sind die zu beurteilenden Aussagen kindgerecht gehalten („Ich verstehe, wenn meine Lehrerin/mein Lehrer mich begrüßt") und die Antwortmöglichkeiten auch („Das kann ich schon gut" wird durch einen Smiley gezeigt, „Das kann ich noch nicht so gut" und „Das kann ich noch nicht" ebenfalls durch entsprechende Symbole), aber Selbsteinschätzung ist eine Qualifikation, die die Kinder erst erlernen müssen. Hier ist insbesondere beim ersten Ausfüllen des Portfoliobogens viel Zeit nötig.

Wenn Kinder bei der einen oder anderen Frage unsicher sind, wie sie diese beantworten sollen, helfen oft konkrete Beispiele aus dem Unterricht („Erinnere dich doch mal an die Stunde, in der wir XY durchgenommen haben – da hast du doch das-und-das gesagt und gekonnt.“).

Da sich die Portfolios in den einzelnen Bundesländern unterscheiden, gehen wir im Folgenden kurz auf ein spezifisches Portfolio ein, nämlich das aus Rheinland-Pfalz, wo der Fremdsprachenunterricht bereits seit geraumer Zeit in der ersten Grundschulklasse einsetzt. Das rheinland-pfälzische Portfolio besitzt die Besonderheit, dass die Lehrpersonen mit jedem einzelnen Kind dessen Einträge durchsprechen und dieses durch ein Datum und ihre Unterschrift belegen. Dadurch soll garantiert werden, dass keine gravierenden Fehleinschätzungen durch die Schülerinnen und Schüler vorgenommen werden. Dies bedeutet auf der einen Seite sehr viel Mehrarbeit für die jeweiligen Lehrpersonen, auf der anderen Seite verspricht es aber auch realistischere Selbsteinschätzungen der Kinder. Die Lehrkräfte können so auch eher absehen, welche Defizite bei den Kindern noch vorherrschen bzw. vermeintlich vorherrschen.

Im rheinland-pfälzischen Portfolio werden alle Bereiche der Sprache thematisiert, d. h. Hören, Sprechen, Lesen und Schreiben (die beiden letzten Aspekte nicht vom ersten Schuljahr an), aber als Besonderheit ebenfalls interkulturelles Wissen, das traditionell als besonders schwer abprüfbar gilt. Im letztgenannten Bereich geht es in den zu beurteilenden Portfolio-Aussagen vor allem um ein *positive mindset* der Lernenden in Bezug auf englischsprachige Fremdkulturen.

Das Portfolio hat zum einen eine ganz besondere Bedeutung für die Kinder selbst, die damit ihren Fortschritt quasi „vor Augen“ haben und zudem eigene Blätter einheften können von Geschichten, Bildern oder Aufgaben, die ihnen im Englischunterricht besonders gut gefallen haben. Zusätzlich ist das Portfolio aber auch wichtig für die Eltern, die damit den Lernfortschritt und -zuwachs ihrer Kinder dokumentiert sehen.

Ebenso wichtig ist das Portfolio für die unterrichtenden Lehrkräfte als Planungs- und Steuerungsinstrument, da die Lehrpersonen an den zu beantwortenden Einschätzungsfragen ihre Lernziele festmachen und verankern können. Dieses garantiert außerdem eine einheitlichere Leistungslage der Grundschülerinnen und -schüler bei ihrem Übergang in weiterführende Schulen, d. h. es ist zu erwarten, dass dort homogenere Leistungsgruppen entstehen, da – abgesehen davon, dass sich die entsprechenden Lehrenden Informationen aus den Portfolios der dort neu eingeschulten Kinder holen können – durch die Portfolio-Einschätzungsfragen ein einheitlicheres Zielprofil der Grundschule in Bezug auf Fremdsprache besteht.

Praxisteil mit Kopiervorlagen

4

Wie jedes andere in der Grundschule unterrichtete Fach lebt auch das frühe Fremdsprachenlernen von der Vielfalt seiner Methoden. Im folgenden Praxisteil sollen unterschiedliche Methoden vorgestellt werden, welche die verschiedenen Fertigkeiten (vgl. Kapitel 2) der Kinder verbessern können. Besonderes Augenmerk legen wir zunächst auf den Umgang mit der Schrift und legen dar, wie man das Schriftbild einführt, welche Vor- und Nachteile eine solche Einführung mit sich bringt und wie man mit etwaigen Fehlern umgeht.

4.1 Einsatz des Schriftbildes

Wie bereits erwähnt (S. 16f.), ist der Einsatz von Schrift im frühen Fremdsprachenlernen nach wie vor ein kontrovers diskutiertes Thema. Wir persönlich haben bisher sehr gute Erfahrungen beim Einsatz der Schrift gemacht: Die Kinder lernen neue Liedtexte und Reime schneller auswendig und können sie besser durchgliedern. Natürlich sollte der muttersprachliche Leselernprozess weitgehend abgeschlossen sein, schließlich müssen die Kinder alle Buchstaben kennen. Des Weiteren muss man den Schülerinnen und Schülern von Anfang an klar machen, dass die Wörter ganz häufig nicht so geschrieben werden, wie man sie ausspricht. Dazu lässt man die Kinder zunächst Bilder benennen, die sie bereits kennen, damit ihnen das Klangbild erneut verdeutlicht wird. Nun kann die Lehrkraft die dazugehörigen Wortbilder anschreiben und gemeinsam mit den Kindern im Sinne der Sprachbewusstheit den Unterschied zwischen dem gesprochenen und dem geschriebenen Wort herausarbeiten.

Schreibt man dann einen Satz an die Tafel, wird für die Kinder eine Durchgliederung in einzelne Wörter deutlich. Sie können somit beispielsweise auch einzelne Wortarten erkennen, was wiederum die Weichen für Satzumstellung (von einem Aussage- in einen Fragesatz, d.h. *"I like cats"* wird zu *"Do I like cats?"*) stellt. Auch Transferleistungen wie der Austausch bereits bekannter Vokabeln mit neuen Wörtern werden möglich – so wird aus *"I like cats"* ganz schnell *"I like bananas"* oder *"I like swimming."*

Wie bereits in Kapitel 2.1 erwähnt, können dank Einsatz des Schriftbildes englische Wörter aus der Umgebung erlesen und auch Lieder, Reime, Gedichte etc. können leichter gelernt werden. Des Weiteren öffnet die Schrift die Tür zu englischsprachiger Kinderliteratur und ins Internet und ermöglicht eine Integration in offene Unterrichtsformen (vgl. Kapitel 5). Auch im Krankheitsfall kann es von Nutzen sein, wenn ein Kind eigenständig oder mit elterlicher Unterstützung verpassten Lernstoff aus dem Englischunterricht nachholen kann. Des Weiteren gibt es bereits die eine oder andere englischsprachige Lernsoftware – wie z.B. *My English Words*[1], welche die Kinder ohne fremde Hilfe zu Hause nutzen können.

Kann ein Kind im späteren Verlauf seiner Grundschulzeit nicht nur lesen, sondern darüber hinaus auch eigenständig kleine Sätze schreiben, können sogar – unter Anleitung der Lehrkraft – Brieffreundschaften mit englischsprachigen Kindern entstehen, was wiederum die interkulturelle Kompetenz der Schülerinnen und Schüler fördert. Die Kinder können zudem kleine Gedichte oder Reime auf Englisch verfassen, ihre Angehörigen zu Schulfesten einladen oder ihnen zu Feiertagen wie Weihnachten oder Ostern eine Karte mit englischen Glückwünschen und Grüßen schicken.

Zur Einführung des Schriftbildes schreibt man am besten einen einfachen Satz in Englisch an die Tafel, wie z.B. *"I like the sun"*, und lässt diesen von den Kindern vorlesen. Natürlich werden die Kinder den Satz „deutsch" aussprechen. Darüber kann dann ein Gespräch folgen, dass englische Wörter anders ausgesprochen werden als sie geschrieben werden, und man kann gemeinsam mit den Kindern darüber nachdenken, wie man sich in Zukunft das Lesen leichter machen könnte. So kann man mit seinen Schülerinnen und Schüler einige Wortbilder „erarbeiten", die immer wieder vorkommen (wird ein *th* gesprochen, malt man eine Zunge über das Wort; bei *like* ein lachendes Gesicht; beim Personalpronomen *I* kommt ein Ei um den Buchstaben, etc. – Achtung! Hierbei immer wieder darauf hinweisen, dass es sich um eine Lesehilfe handelt, damit es nicht zu unerwünschten semantischen

Vermischungen kommt). Des Weiteren kann man bei schwierigen Wörtern die deutsche Aussprache mit einem Buntstift über das englische Wort schreiben (bei *cat* bekommt das ‚a' Strichelchen wie bei einem ‚ä'; Buchstaben, die nicht gesprochen werden streicht man durch usw.). Den Buntstift benutzen die Kinder, um zu zeigen, dass es sich hierbei lediglich um eine Lesehilfe handelt, dass sie aber wissen, dass man das Wort im Englischen nicht so schreibt. So bekommen die Kinder nach und nach ein Gefühl für die Sprache und sind sehr schnell in der Lage, ihre eigenen Aussprachehilfen aufzuschreiben. Diese Methode kann man, je nach Leistungsstand der Lerngruppe, bereits gegen Ende des ersten Schuljahres anwenden: Gemeinsam mit der Lehrkraft können die Kinder Lesehilfen für einzelne Wörter notieren.

Zum Umgang mit Fehlern bei der Nutzung der Schrift sei Folgendes gesagt (vgl. auch Kapitel 2.1.3): Wenn die Kinder etwas von der Tafel abschreiben, korrigiert man – wie im Deutschen auch – jeden Fehler. Schreiben die Kinder selbst einen Text, den sie der Klasse vortragen, achtet man darauf, dass er für alle verständlich ist und korrigiert die Rechtschreibfehler nicht, da man hier nach dem Motto *message before accuracy* vorgeht und den Fokus stärker auf die Verständlichkeit als auf die Rechtschreibung legt. Für ein Grundschulkind ist es eine beachtliche Leistung, einen eigenen Text auf Englisch zu schreiben und zu massive Korrektur würde in diesem Fall die Motivation stark bremsen.

4.2 Methoden

Im Folgenden werden Methoden vorgestellt, die aus dem täglichen Fremdsprachenunterricht nicht mehr wegzudenken und die nach den *four skills* (vgl. Kapitel 2.1) sortiert sind. Alle aufgeführten Methoden sind bereits in Klasse 1 problemlos einsetzbar. Da in den ersten Stunden hauptsächlich das Hörverstehen der Kinder angesprochen werden soll, beginnen wir mit der Beschreibung des *storytelling*. Das *storytelling* stellt im Primarbereich sozusagen den „Königsweg" der Kompetenzerweiterung durch Hörverstehen dar und soll daher noch einmal explizit erläutert werden.

4.2.1 Storytelling

Für Grundschulkinder ist es ein mehrdimensionaler Prozess, einer Geschichte zu folgen. Obwohl Geschichten für Kinder auf einer gewissen Vertrautheit basieren – Gut besiegt Böse – erleben sie doch immer wieder von Neuem mit, wie eine ganz bestimmte Figur in einer ganz bestimmten Situation einer Geschichte handelt und erweitern somit ihren Horizont (vgl. Schmid-Schönbein 2008: 92).

Neben der Horizonterweiterung bietet gerade fremdsprachliches Geschichtenerzählen die Möglichkeit einer Kompetenzerweiterung der Kinder. Sie trainieren dabei ihr Hörverstehen und erweitern zudem ihr aktives Vokabular.
So lernen Kinder beispielsweise bei jedem gut vorbereiteten *storytelling* sowohl neue Vokabeln als auch – durch die in Geschichten immer wiederkehrenden Phrasen – ganze Sätze oder Satzteile, die sogenannten *chunks* (vgl. S. 12).

Gerade im Englischunterricht der Primarstufe ist das *storytelling* eine notwendige und motivierende Übung. Zum einen denken Grundschulkinder sehr konkret – sie setzen Bilder schnell zu Handlungen zusammen, zum anderen sind sie wissbegierig. „Das setzt voraus, dass die Geschichten sowohl *meaningful* [d. h. für die Schülerinnen und Schüler persönlich bedeutsam] wie *comprehensible* [d. h. im Kontext verständlich, auch wenn nicht jedes einzelne Wort verstanden wird] sein müssen." (vgl. Piepho 2000: 89). Der Lehrkörper muss folglich darauf achten, die Geschichte für die Kinder bedeutsam (*meaningful)* zu machen, indem er sie mit Mimik, Gestik, Bildern und Realia unterstützt. Verständlich (*comprehensible*) werden die Geschichten dann, wenn man beim Erzählen Pausen macht und den Kindern so die Gelegenheit gibt, sich das Gehörte bildlich vorzustellen (vgl. Piepho 2000: 89). Auch hier wird das Verständnis durch Mimik, Gestik, Stimmfärbung, Intonation etc. verstärkt (vgl. auch S. 13).

Für ein erfolgreiches *storytelling* ist die eigene Vorbereitung von großer Wichtigkeit. Die Erzählerin bzw. der Erzähler muss nicht nur die Geschichte kennen, sondern sie auch auswendig gelernt haben – wenn möglich nicht nur ansatzweise, sondern wörtlich, das macht es den Kindern leichter, während des Erzählens mitzusprechen und sich einzelne häufig wiederkehrende Sätze einzuprägen. Eine weitere Vorüberlegung der Lehrkraft sollte dahin gehen, welche Vokabeln die Kinder in ihren aktiven Wortschatz aufnehmen und was sie als Sprachbad (vgl. S. 12f.) aufnehmen sollen. Des Weiteren muss man sich darüber Gedanken machen, wie man – mit Hilfe von Bildern, Requisiten, Mimik, Gestik, Sprache etc. – den Inhalt der Geschichte verdeutlichen möchte. Zudem muss man als Lehrperson sicher in der Zielsprache sein und sollte sich gezielt auf wenige, sich häufig wiederholende Strukturen festlegen. Das macht es für die Kinder einerseits leichter, der Geschichte zu folgen und andererseits können sie sich die einzelnen Strukturen so auch besser einprägen – sogar ein schwaches Kind hat nach der fünften Wiederholung die Phrase *"... but he was STILL hungry"* (aus: *The Very Hungry Caterpillar*) verinnerlicht und kann sie mitsprechen.

Im Prinzip kann man jede erdenkliche Geschichte zum *storytelling* werden lassen. Wichtig ist hierbei nur, dass man sich im Vorfeld darüber im Klaren ist, was genau man mit der ausgesuchten Geschichte erreichen will. Ein *storytelling* dient in erster Hinsicht der Erweiterung des Hörverstehens der Kinder. Des Weiteren soll es aber auch die kommunikative Kompetenz der Schülerinnen und Schüler fördern. Das bedeutet, dass die Kinder bei einem *storytelling* auch immer neue Vokabeln und Strukturen in ihren aktiven Sprachschatz aufnehmen sollen.

Das Erlernen einer fremden Sprache beinhaltet auch stets ein Kennenlernen einer fremden Kultur. Ein wichtiger Bestandteil einer jeden Kultur ist ihre (Kinder-)Literatur. Daher birgt ein fremdsprachliches *storytelling* auch einen interkulturellen Aspekt in sich. Die Kinder können mit Hilfe des *storytelling* an authentische fremdsprachliche Kinderliteratur herangeführt werden, wenn man beispielsweise Klassiker wie *The Gingerbread Man* oder *Jack and the Beanstalk* erzählt oder durch ein *storytelling* landestypische Bräuche näher gebracht bekommen, wie z. B. die Halloween-Tradition des geschnitzten Kürbiskopfes durch die Geschichte von *Jack O'Lantern*. Ein *storytelling* teilt man in drei verschiedene Phasen:
pre-listening activities
presentation of the story
post-story activities

Pre-listening activities

In dieser Phase führt man die für das *storytelling* notwendigen Vokabeln ein. Je nach Alters- und Lernstufe rechnet man hier mit ca. 5 bis maximal 10 neuen Wörtern (vgl. S. 23). Am geeignetsten zur Vokabeleinführung sind so genannte *flashcards*, d.h. große Bildkarten (mindestens DIN A5, damit sie von allen Kindern gut erkannt werden können) mit eindeutigen Visualisierungen der neuen Wörter. Am gebräuchlichsten sind hierbei Nomina, aber auch viele Verben (z. B. aus dem Freizeitbereich – *read, sing, write, slide, play football,* etc.) und Adjektive (z. B. Farben oder Wettererscheinungen) lassen sich mithilfe von Bildkarten problemlos einführen. Da die Lehrperson hier das einzige Sprachvorbild ist, ist es wichtig, dass diese die Wörter zunächst mehrfach klar und deutlich nennt, vorzugsweise immer in Form eines ganzen Satzes (*"This is a/an ...", "These are ..."*) und die Kinder die genannten Gegenstände chorisch nachsprechen. Das Nachsprechen sollte hierbei abwechslungsreich gestaltet sein: entweder nur die Jungen, oder nur die Mädchen, dann alle Kinder mit/ohne Brille, alle mit einem blauen/gelben/roten Pullover etc. Der Fantasie sind hier keine Grenzen gesetzt und je größer der Wortschatz der Kinder, desto größer die Variationsmöglichkeiten[2].

Im Folgenden hält die Lehrkraft das Wortbild hoch, fragt die Kinder nach der Vokabel (*"What is this?"* etc.) und lässt einzelne Schülerinnen und Schüler antworten. Die Kinder lernen sehr schnell, wie man auf die jeweilige Fragestellung im ganzen Satz antwortet. Um die Kinder zu ermutigen, ist es an dieser Stelle wichtig, dass man etwaige Fehler nur indirekt korrigiert (dies kann eventuell auch durch Mitschülerinnen und -schüler geschehen) und die Kinder auf unterschiedlichste Arten[3] lobt, ohne es zu übertreiben – nicht jede zum vierten Mal genannte Vokabel verdient ein *magnificent* (vgl. auch Kapitel 3).

Sind die Vokabeln eingeführt, kann man sie auf unterschiedliche Arten festigen. Eine gängige und beliebte Möglichkeit ist das Spiel *What's missing?"* (vgl. S. 45f.), bei dem die Kinder die Augen schließen müssen, jeweils eine – später auch mehrere – Bildkarten weggenommen werden und die Kinder nun sagen müssen, welches Bild fehlt. Spielen die Kinder das Spiel zum ersten Mal, sollte die Lehrkraft noch die Anweisungen *"Please close your eyes"* bzw.

"Please open your eyes" geben und die Frage *"What's missing?"* stellen. Schon beim zweiten Durchgang kann man dann die Kinder eigenständig spielen lassen (eine kleine Hilfe ins Ohr geflüstert hilft auch den schüchternen Kindern ganz schnell, ihre Scheu, vor der Klasse zu sprechen, zu überwinden). Weitere Möglichkeiten der Festigung sind Wortumschreibungen (für geübtere Kinder), Pantomime, *colour dictations* etc.

Zu den *pre-listening activities* gehört neben der Vokabeleinführung und -festigung auch die Einstimmung auf das jeweilige Thema in Form von Musik. Um die Kinder später in die Geschichte einzubeziehen, ist es auch immer effektiv, Requisiten (Masken, Fingerpuppen etc.) und Kulissen herzustellen und eventuell Geräusche oder Klänge nachzuahmen (das eignet sich beispielsweise bei der Geschichte der drei kleinen Schweinchen oder einer anderen Geschichte, in der Tiere mitspielen).

Presentation of the story

Wie bereits erwähnt eignen sich die verschiedensten Geschichten zum *storytelling*. Dementsprechend gibt es auch unterschiedliche Möglichkeiten, ein *storytelling* durchzuführen. Die einfachste Variante ist ein durch Bildkarten gestütztes *storytelling*, das man nach und nach an der Tafel aufbaut. Hierbei kann es sich um eine Bildgeschichte handeln, bei der auf den einzelnen Bildern ganze Abschnitte der Geschichte gezeigt werden können, oder es kann sich um einzelne Bildfiguren und Vokabeln auf einem dazu passenden Tafelbild handeln (vgl. *The Frog Family* (S. 40) und *Tommy is bored* (S. 41 f.)). Die Lehrkraft sollte die Geschichte gut kennen oder sie sollte kleine Erzählhilfen benutzen. Da bei einem *storytelling* auch immer wiederkehrende Strukturen oder Phrasen gelernt werden sollen, muss man insbesondere darauf achten, dass man diese als Erzählerin oder Erzähler auch wirklich beherrscht (um es zu wiederholen: ein *storytelling* muss also von der Lehrkraft im Vorfeld gut geübt worden sein!).

Eine weitere Möglichkeit des *storytelling* ist das *Big Book*. Es handelt sich hierbei um ein Bilderbuch in Großformat (ca. 30 cm x 40 cm), wobei auf der Rückseite des jeweiligen Bildes der nur für die Lehrperson sichtbare Text steht. Hier kann die Erzählerin oder der Erzähler den Kindern entweder die Originalgeschichte vorlesen und durch Zeigen auf die jeweiligen Bilder den Inhalt verdeutlichen, oder den Schülerinnen und Schülern einen zuvor reduzierten Text präsentieren, sollte er oder sie der Meinung sein, dass das Original zu schwierig für die Kinder ist. Es ist ebenfalls möglich, ein eigenes *Big Book* zu entwerfen. Dazu eignet sich im Grunde jedes Bilderbuch. Mit ein bisschen Übung hat man als Lehrkraft schnell herausgefunden, wie weit man einen Text entweder reduzieren muss oder gar auch aus der Muttersprache in die Zielsprache übersetzen kann. Die Bilder als Buntkopien aufgeklebt, den eigenen oder vereinfachten Text auf der Rückseite aufgeklebt und anschließend laminiert hat man lange Freude an den so erstellten Büchern.

Eine weitere ansprechende Möglichkeit des *storytelling* ist der Einsatz von Hand- oder Stabpuppen (vgl. *The Three Little Pigs*, S. 40 f.). Diese eignen sich besonders dann, wenn die Geschichte viele unterschiedliche Figuren beinhaltet, seien dies nun Tiere oder Menschen.

Natürlich ist es auch möglich, ein *storytelling* mithilfe von Realia und authentischem Material – das sowohl von der Lehrkraft als auch von den Kindern mitgebracht und angefasst werden kann – anzubieten. Hierbei sind Mimik und Gestik des Geschichtenerzählers besonders wichtig (vgl. S. 29 f.), um das Verständnis der Kinder zu fördern, da sich die Kinder den Inhalt der Geschichte nicht wie bei der Nutzung eines *Big Book* oder bei einem *storytelling* anhand von *flashcards* anhand von Bildern deutlich machen können. Auch die gegebenenfalls zuvor geübten Geräusche und Klänge können an dieser Stelle eingebracht werden.

Um ein *storytelling* für die Kinder nicht nur nachvollziehbar, sondern auch fesselnd zu gestalten, ist es notwendig, die Kinder so häufig wie möglich mit in die Geschichte einzubeziehen. Hierbei kann man ihnen Vokabelfragen stellen *("Oh look, what's this?")* oder sie direkt die Vokabeln zu den Bildern nennen lassen. Man kann sie bitten, Geräusche und Bewegungen mitzuspielen (vgl. *"Tommy is bored"*, S. 41 f.) oder sie Gegenstände von A nach B bringen lassen (*"Please bring the cow to the board."*) und sie auffordern, diese zu benennen oder anzufassen.

Durch eine Geste der Lehrkraft (z. B. Hand ans Ohr halten) lassen sich die Kinder auch schnell dazu ermutigen, immer wiederkehrende Phrasen oder Wörter mitzusprechen, was vor allem dann gut gelingt, wenn man die Geschichte wiederholt. Beim ersten Erzählen sollten die Kinder hauptsächlich der Geschichte folgen, indem sie aufmerksam zuhören und gegebenenfalls auf Fragen und Anweisungen der Erzählerin oder des Erzählers oder der Erzählerin reagieren. Erzählt man die Geschichte dann ein zweites Mal, fordert man die Kinder zum Mitsprechen auf. Innerhalb einer Stunde sollte man allerdings eine Geschichte nicht mehr als zwei Mal erzählen, da sie sonst für die Kinder langweilig wird. Es ist in diesem Fall besser, bis zur nächsten Englischstunde zu warten und die Geschichte dann ein weiteres Mal – mit Hilfe der Kinder – zu erzählen und darüber hinaus sprachaktiv zu werden (z. B. in Form eines Rollenspiels, eines Theaterstücks, einer Fortsetzungsgeschichte auf Deutsch, etc.).

Post-story activities

Diese Phase bietet die unterschiedlichsten Möglichkeiten der Festigung sowohl der Geschichte als solcher als auch des erlernten Vokabulars. Des Weiteren eignet sich diese Phase auch am besten zur Integration in andere Fächer. Man kann mit den Kindern Lieder passend zum Thema singen oder Reime üben, man kann mit ihnen unterschiedliche Arbeitsblätter bearbeiten (von *colour dictations* über Verständnisübungen mit Bildfolgen bis hin zu kleineren Lese- oder Schreibübungen), *picture books* basteln oder Hefteinträge formulieren. Je nach Leistungsstand der Schülerinnen und Schüler kann eine Geschichte nacherzählt oder weitererzählt werden, sowohl in der Muttersprache als auch in der Zielsprache. Aus vielen *storytellings* lassen sich Dialoge und kleine Rollenspiele machen und sogar ganze Theateraufführungen für etwaige Schulfeste einstudieren (vgl. *The Three Little Pigs* und *The Frog Family*). Gerade im ersten Schuljahr eignen sich die *storytellings* dazu, in der Muttersprache eine Schreibübung in Form einer Nacherzählung anzubieten (freies Schreiben). In der Zielsprache hingegen können die Kinder die Geschichten in Aufführungen bei Schulfesten präsentieren. Auch Hefteinträge in Form von Bildern/Bildergeschichten können bereits im ersten Schuljahr angefertigt werden. So können die Kinder auch zu Hause von der Geschichte erzählen – sowohl auf Deutsch als auch anhand englischer *chunks* (vgl. S. 13) – und somit ihren Familien einen Einblick in den Englischunterricht gewähren.

Praxisbeispiele für *storytelling*

Die im Folgenden beschriebenen Geschichten eignen sich alle zum Einsatz in der ersten und zweiten Klasse. Die zuerst vorgestellte Geschichte von Scat, der Katze, die ihre Fellfarbe nicht mag, kann man den Kindern sogar bereits nach wenigen Wochen Englischunterricht erzählen.

1 *Scat the cat* (KV 2a und b, S. 50 f.)
Um die Geschichte *Scat the cat* erzählen zu können, müssen im Vorfeld lediglich die Farben eingeführt worden sein (vgl. Kapitel 6). Auch das Bildmaterial ist sehr übersichtlich, man benötigt lediglich verschiedenfarbige Katzen.

Die Geschichte handelt von einer schwarzen Katze, die es leid ist schwarz zu sein. Da sie aber zaubern kann – also eine *magic cat* ist – verzaubert sie sich selbst diverse Male, bis sie am Ende der Geschichte doch lieber wieder schwarz sein möchte.

Story:
"This is a cat. (Wenn die Kinder das Wort bereits kennen, können sie es auch benennen) *The cat's name is Scat. Scat is black* (Kinder vorher fragen). *Scat is unhappy* (Mund verziehen) *and says: "I am unhappy. I don't like black!" But then … ah!* (Zeigefinger an die Stirn halten), *Scat has an idea. Scat says: "I am Scat, the magic cat* (mit dem Finger oder einem Stift so tun, als würde man einen Zauberstab schwingen) *and I can change my colour* (schnippen) *just like that." And WHOOOOSH!, Scat turns blue. Now Scat is happy* (Arme nach oben heben).

But after a while Scat is unhappy again (Mund verziehen) *and says: "I am unhappy. I don't like blue!" But then … ah!* (Finger an die Stirn), *Scat has an idea. Scat says: "I am Scat the magic cat and I can change my colour* (schnippen) *just like that." And WHOOOOSH!* (Kinder mitsprechen lassen), *Scat turns red. Now Scat is happy"* (Arme wieder nach oben heben).

Diese Geschichte kann man nun mit so vielen Farben erzählen, wie man möchte. Mit der Zeit werden immer mehr Kinder mitsprechen können. Der Schluss der Geschichte könnte dann wie folgt aussehen:

"But after a while Scat is unhappy again and says: "I am unhappy. I don't like XY!" But then … ah!" Scat has an idea. Scat says: "I am Scat the magic cat and I can change my colour just like that." And WHOOOSH!, Scat turns black again. Now Scat is very happy."

2 *The Frog Family* (KV 3 a–c, S. 52 ff.)
Auch diese Geschichte eignet sich besonders gut für das erste Schuljahr. Die Kinder müssen im Vorfeld nur die Vokabeln *frog, mummy, daddy, brother, sister* und *baby* lernen, um der Geschichte nicht nur folgen, sondern sie auch innerhalb kürzester Zeit aktiv umsetzen zu können. Vor Erzählbeginn malt die Lehrkraft einen großen Teich an die Tafel. Möchte man die Geschichte eventuell später vorführen (oder den Kindern während der Stunde eine große Freude machen), so ist es schön, wenn man ein großes, blaues Tuch in Form eines Teiches, eine aus Pappe gebastelte Sonne und die zu den einzelnen Fröschen gehörenden Utensilien (Lippenstift, Pfeife, Fußball, Puppe, Schnuller) mitbringt.

Wie bei allen *storytellings* ist es auch bei dieser Geschichte wichtig, dass die Lehrkraft einzelne Phrasen auswendig kennt (wenn möglich am besten die ganze Geschichte) und die immer wiederkehrenden Sätze stets gleich vorspricht. So können die Kinder innerhalb von kürzester Zeit mitsprechen.

Story:
"It was hot. Very very hot (dabei mit dem Handrücken über die Stirn fahren).
So Daddy frog (Bild von *Daddy frog* zeigen) *went 'jump, jump, jump'* (entweder selbst hüpfen oder das Bild hüpfen lassen)*, into the pond and onto the lily pad.*

Mummy frog (hochhalten und von den Kindern benennen lassen) *was hot. Very very hot.*
So Daddy frog said to Mummy frog: "Come here!" (mit den Händen herbeiwinken).
And Mummy frog went 'jump, jump, jump' into the pond and onto the lily pad.

Brother frog was hot. Very very hot. So Mummy frog said: "Come here!"
And Brother frog went 'jump, jump, jump' into the pond and onto the lily pad.

Sister frog was hot. Very very hot. So Brother frog said: "Come here!"
And Sister frog went 'jump, jump, jump' into the pond and onto the lily pad.

Baby frog was hot. Very very hot. So Sister frog said: "Come here!"
And Baby frog went 'jump, jump, jump' into the pond and onto the lily pad.

But … ohhhhh! … they were too heavy and 'Splash!' they all fell into the pond."

3 *Storytelling* mit Stabpuppen: *The Three Little Pigs* (KV 4, S. 55)
Die Geschichte der drei kleinen Schweinchen ist vielen Kindern bereits aus dem Kindergarten bekannt. Auch hier sind die immer wiederkehrenden Satzmuster ein wichtiger Bestandteil der Erzählung. Im Vorfeld sollten die Kinder die Vokabeln *wolf* und *pig* lernen, um sich im Verlauf der Geschichte einbringen zu können. Die Vokabeln der verschiedenen Häusertypen sollte man besser nicht einführen, da viele der Kinder sonst bereits erahnen könnten, welche Geschichte folgen wird. Anstelle von Bildkarten eignet sich hier der Einsatz von Stabpuppen besonders gut, die bei einer wiederholten Erzählung auch von den Kindern gespielt werden können. (Natürlich ist es in diesem Fall auch möglich, die Kinder selbst als Schweinchen und Wolf zu verkleiden und aus Pappkartons gebastelte Häuser zu verwenden. Möchte man aber kein Theaterstück aus der Geschichte machen, ist der Einsatz von Stabpuppen eine schöne Alternative.)

Da es sich bei der Geschichte der drei kleinen Schweinchen um ein Märchen handelt, kann die Lehrkraft die Geschichte entweder mit *"Once upon a time …"* beginnen (hier ist dann eine Verknüpfung zum Deutschunterrichtsthema ‚Märchen' möglich; Achtung: Geschichte dann in der Vergangenheit erzählen, vgl. auch Kapitel 5) oder man stellt zunächst den hungrigen Wolf und die drei Schweinchen vor. Hier kann man einen etwas freieren Anfang wählen und die Kinder integrieren. Die Phrase der Schweinchen *"not by the hair of my chinny chin chin"* gehört zur Originalgeschichte und kann ausgelassen werden, wenn die Lehrkraft das möchte. Ansonsten sollte man den Kindern die Bedeutung kurz erläutern.

Mögliche Umsetzung der Geschichte:
"These are the three little pigs. This little pig lives in a house made of straw. This one lives in a house made of wood, and this one lives in a house made of stone/brick.
This is a wolf. The wolf is mean (Gesicht verziehen und Hände zu Krallen formen) *and very hungry.* Wolf: *"Oh, I'm so hungry."* (mit der Hand über den Bauch reiben)

So the wolf goes to the house made of straw. He knocks on the door (klopfen) *and says to the pig: "Little pig, little pig, let me in."*
But the pig says: "No, no, no (Kopf schütteln und mit dem Zeigefinger hin und herfahren), *not by the hair of my chinny chin chin"* (auf das Kinn zeigen).
Then the wolf gets angry and he says: "I'll huff (pusten) *and I'll puff* (wieder pusten) *and I'll blow your house down!"* (dabei das Haus herunterfallen lassen).
The pig runs away to the house made of wood. The wolf is still very hungry ("Oh, I'm so hungry."). So he goes to the house made of wood. He knocks on the door and says: "Little pig, little pig, let me in."
But the pigs say: "No, no, no, not by the hair of my chinny chin chin."
Then the wolf gets angry and he says: "I'll huff (pusten, die Kinder zum Pusten animieren) *and I'll puff* (wieder pusten) *and I'll blow your house down!"* (dabei das Haus herunterfallen lassen).
The two pigs run away to the house made of stone.
The wolf is still very hungry ("Oh, I'm so hungry."). So he goes to the house made of stone. He knocks on the door and says: "Little pig, little pig, let me in."
But the pigs say: "No, no, no, not by the hair of my chinny chin chin."
Then the wolf gets angry and he says: "I'll huff and I'll puff and I'll blow your house down!"
But nothing happens. The wolf says: "I'll huff and I'll puff and I'll blow your house down!"
But nothing happens. The wolf huffs and puffs (pusten) *and huffs and puffs* (pusten) *and huffs and puffs* (dabei immer langsamer werden) *until he is very tired. Then he gives up* (Kopf schütteln, mit den Schultern zucken) *and goes home. Now the three little pigs are very happy."*
(Schweinchen schreien: Jippiehhh!)

In der Originalfassung der Geschichte klettert der Wolf auf das Dach des Steinhauses, rutscht durch den Schornstein, fällt in einen großen Kochtopf und wird von den drei kleinen Schweinchen gekocht. Wem das grausige Ende lieber ist oder wer die Originalfassung beibehalten möchte, kann den Vorschlag nach Belieben abändern.

4 Interaktive Geschichte: *Tommy is bored* (KV 5 a–d, S. 56ff.)
Das Besondere an interaktiven Geschichten ist, dass die Kinder direkt in die Geschichte eingebunden werden können, indem sie Geräusche und Bewegungen nachahmen. Somit eignen sie sich hervorragend zum Einsatz in der ersten Klasse. In dieser Geschichte spielen die Kinder gemeinsam mit der Lehrkraft einen kleinen Jungen (oder ein kleines Mädchen), der/das sich zu Hause langweilt und einen Spaziergang macht, bei dem ihm/ihr ein Bär begegnet, vor dem er/sie dann davonläuft. Die einzelnen Geräusche sind variabel. Die Geschichte lässt sich während des Erzählens mithilfe der Bildkarten an der Tafel festhalten. Dazu kann man sich die zu den Bildern gehörenden Vokabeln auch auf die Rückseite schreiben. Beim ersten Erzählen heftet der Lehrer demnach die einzelnen Stationen an die Tafel und ahmt dabei Tommys Bewegungen und die Geräusche der verschiedenen Stationen nach.

Geschichte	Bewegungen/Geräusche
Tommy wakes up.	recken und strecken
He gets out of bed.	aus dem Bett aufstehen
He gets dressed.	anziehen
He has cornflakes for breakfast.	Cornflakes knuspern
He is bored.	gähnen, gelangweilt umschauen
He decides to go for a walk.	
He opens the door walks down the road and whistles. Walk, whistle, walk, whistle.	Haus zeigen/anheften. Tür öffnen, pfeifen und gehen
There is a dark wood.	Wald anheften

Geschichte	Bewegungen/Geräusche
He walks quietly.	auf Zehenspitzen gehen
Tiptoe, tiptoe.	
The grass is wet.	
He walks through the grass.	Gras anheften
Swish, swash, swish, swash!	Beine anziehen, „schmatzende“ Geräusche machen
There is a deep river.	
He swims through the river.	Fluss anheften
Splash, splash, splash!	mit den Armen Schwimmbewegungen machen
There is a steep hill.	Berg anheften
He climbs the steep hill.	Bergsteigen, dabei stöhnen und prusten
There is a dark cave.	Höhle auf dem Berg anheften
He looks into the dark cave.	
He listens.	Hand an Ohr halten
He goes into the dark cave.	
Creep, creep, creep.	schleichen
Suddenly….	
Aaaahhhhhh,	erschrockenes Gesicht machen, schreien
A bear!	Bär zeigen
Grrrrrrrrr!	knurren
Tommy runs out of the cave.	rennen, schneller erzählen
Run, run, run!	
Down the steep hill.	
Run, run, run!	
Across the river.	Schwimmbewegungen (schnell)
Splash, splash, splash!	
Through the grass.	Knie anziehen (schnell)
Swish, swash, swish, swash!	
Through the wood.	
Tiptoe, tiptoe!	auf Zehenspitzen laufen (schnell)
Up the road.	Berg rauf, stöhnen, schnell laufen
Run, run, run.	
Into the house!	
And ‘bang!’ closes the door.	Tür auf und zu machen
Pheeeew!	laut ausatmen, sich gegen die Tafel lehnen, mit dem Handrücken über die Stirn fahren

4.2.2 Dialoge und Rollenspiele

Das oberste Prinzip des frühen Fremdsprachenlernens ist die Förderung und Verbesserung der kommunikativen Kompetenz. Die Schülerinnen und Schüler sollen dazu befähigt werden, sprachlich adäquat in Alltagssituationen handeln zu können. Besonders beliebt bei Grundschulkindern ist das Rollenspiel, welches Alltagssituationen simuliert und bei dem die Kinder in verschiedene Rollen schlüpfen können. Bereits ab der ersten Klasse kann man mit den Kindern kleine Rollenspiele durchführen, die später, je nach Lernstand der Kinder, bis hin zu größeren Theaterstücken führen können (vgl. auch Kapitel 5).

Die Rollenspiele sollten dem jeweiligen Leistungsstand der Kinder angepasst sein und können, dem Spiralcurriculum entsprechend, auch in jedem Schuljahr erweitert werden. Besonders gut eignen sich folgende Themen aus der Lebensumfeld der Kinder: *At the doctors', We go shopping* und *Asking for information (way, time, etc.)*. Vor einem Rollenspiel steht, wie auch bei den bisher genannten Methoden, eine Vokabeleinführung mit Hilfe von *flashcards* oder Realia.

Bei der Erarbeitung eines Rollenspiels ist es wichtig darauf zu achten, dass die Sätze nicht zu lang sind und dass sich gewisse Satzstrukturen immer wiederholen. Die Devise hier lautet: *keep it simple,* sodass auch die schwächeren Kinder die Möglichkeit haben, an den Rollenspielen teilzunehmen. In Klasse 1 und 2 sollten die Dialoge so kurz gehalten werden, dass die Kinder sie auswendig lernen können. In Klasse 3 und 4 kann das Schriftbild zu Hilfe genommen werden. Besonders motivierend für die Kinder ist es, wenn sie an der Erarbeitung der Dialoge teilhaben dürfen. Im Folgenden stellen wir mögliche Dialoge für verschiedene Klassenstufen und die dazu passenden Erweiterungsmöglichkeiten vor.

1 *At the doctor's* (KV 6 a – d, S. 60 ff.)
Klasse 2:
Doctor: *Hello. How are you?*
Patient: *I feel bad. I have tummyache/ toothache/a headache/a sore throat/a runny nose/a cough etc.*
Der Arzt untersucht die Patientin/den Patienten und gibt ihr/ihm dann entweder ein Medikament – vielleicht in Form eines Gummibärchens – oder versorgt die jeweilige Verletzung mit einer Mullbinde oder einem Pflaster.
Doctor: *How are you now?*
Patient: *Oh, I feel much better. Thank you. Goodbye.*
Doctor: *Goodbye.*

In nachfolgenden Klassenstufen kann man dann die Begrüßungs- und Abschiedsformeln erweitern (*"Good morning/afternoon", "Have a nice day."* etc.), das Vokabular bezüglich der Verletzungen ausbauen (andere Körperteile einführen und die dazugehörigen Verletzungen in Form eines kompletten Ausdrucks wie *broken arm, twisted ankle, nasty cut* etc.) und gemeinsam mit den Kindern einen Dialog erstellen, den sie dann in ihre Hefte schreiben und lesen üben können.

2 *We go shopping* (KV 7 a – f, S. 64 ff. und KV 15 a – e, S. 81 ff.)
Klasse 1/2: (hier eignen sich besonders gut die Vokabeln für verschiedene Früchte und es könnte entweder mit Bildkarten oder echten Früchten, die später in einem Obstsalat landen könnten, ein Markstand aufgebaut werden.)
Salesperson: *Hello. What would you like?*
Shopper: *I would like a/an apple, banana, pear, watermelon etc. and a/an orange, pineapple…*
Salesperson: *Here you are.*
Shopper: *Thank you. Goodbye.*
Salesperson: *Goodbye.*

In den Klassen 3 und 4 kann das Angebot an Lebensmitteln erweitert werden. Es können Maßeinheiten wie z. B. *a packet of, a bottle of, a pair of* etc. hinzukommen und die Kinder können zusätzlich mit Spielgeld bezahlen und Wechselgeld herausgeben. In dieser Phase kann man auch vom reinen Lebensmitteleinkauf zum Einkauf von Spielzeugen, Haustieren etc. übergehen, je nachdem, was man gerade an Vokabular eingeführt hat. Ein mögliches Beispiel für den Kauf eines Haustieres könnte wie folgt aussehen:

Shop assistant: *Hello. How can I help you?*
Shopper: *I would like to buy a hamster/cat/dog/ guinea pig/budgie etc.*
Shop assistant: *Which one would you like?*
Shopper: *This one looks cute. How much is it?*
Shop assistant: *It's XY pounds.*
Shopper: *I also need a cage/box/bowl/basket.*
Shop assistant: *Here you are. That's XY pounds.*
Shopper: *Here is your money. Thank you very much.*
Shop assistant: *Goodbye. Have a nice day.*

3 *Asking for information* (KV 8 a – e, S. 70 ff.)
Um sich in einer fremden Umgebung zurechtfinden zu können, sollten die Kinder lernen, nach unterschiedlichen Informationen zu fragen, sei es bezüglich eines Weges, der Uhrzeit oder der Abfahrtszeiten öffentlicher Verkehrsmittel[4]. Die Frage nach der Uhrzeit (Mathematikunterricht, 2. Klasse) ist in diesem Fall die kürzeste Möglichkeit der Informationsbeschaffung. (*"Excuse me, what time is it, please?"* oder auch nur *"Do you have the time, please?"* oder *"What's the time, please?"* mit der dazugehörigen Zeitangabe, einem Dank und einer Abschiedsformel).

Ein längerer Dialog ergibt sich bei der Frage nach einem Weg. Die Kinder können entweder nach einer bestimmten Straße oder nach einem Gebäude fragen.

Pupil: *Excuse me, where is the station/school/supermarket/zoo etc., please?*
Pedestrian: *Go down this street and then turn left/right. And there you can already see the station/zoo etc.*

Möchte man den Dialog erweitern, kann man längere Wege erfinden, Verkehrszeichen wie *traffic light* oder *zebra crossing* einbinden und Präpositionen wie *opposite, next to* oder *in front of* verwenden.

Bei der Umsetzung der Dialoge sind im Grunde keine Grenzen gesetzt und man sollte den Kindern ruhig auch einmal schwierigere Sätze zutrauen. Das sollte jede Lehrkraft für sich selbst entscheiden, denn schließlich kennt sie ihre Schülerinnen und Schüler selbst am besten.

4.2.3 Songs, Chants and Action Rhymes

Songs
Was wäre ein Leben ohne Musik? Sie ist aus unserer Umwelt und somit auch aus der Lebenswelt unserer Kinder nicht wegzudenken. Schon im Kleinkindalter werden sie mit Melodien und Liedtexten aller Art konfrontiert. Kinder lieben Musik. Singen entspannt, macht Spaß und fördert das Gemeinschaftsgefühl. Somit ist es offensichtlich, dass auch im frühen Fremdsprachenlernen Musik bzw. das Singen von Liedern eine große Rolle spielen muss. Beim gemeinsamen Singen können Blockaden gelöst werden und ganz nebenbei erweitern die Kinder ihren aktiven Sprachschatz. Auch die sonst eher schüchternen Schülerinnen und Schüler können sich beim Singen im Klassenverband aktiv mit in den Unterricht einbringen, ohne Scheu haben zu müssen, etwas nicht zu können.

Man kann Lieder in die täglichen Rituale einbinden, indem man beispielsweise ein Begrüssungs- oder Abschiedslied in der Fremdsprache singt (vgl. *Good morning song*, KV 9, S. 75) oder den Kindern in Englisch zum Geburtstag gratuliert mit dem allseits bekannten *Happy birthday*, (KV 10, S. 76). Natürlich sind auch alle anderen grundschulrelevanten Themen (*animals, me and my family, the year, at school*, etc.) in Liedern umzusetzen. Hier gibt es zum einen die Möglichkeit selbst Texte zu bereits bekannten Melodien zu schreiben (vgl. *Ten little Leos/Indians/Fingers/Witches* ... KV 11, S. 77) oder die Kinder sowohl mit neuen Melodien als auch neuen Texten vertraut zu machen.

Wie auch beim *storytelling* sollte man bei der Auswahl der Lieder darauf achten, dass man dazu notwendiges Vokabular zunächst über *flashcards* eingeführt hat. Hierbei kann man einzelne Wörter bildlich darstellen (z. B. *farm animals* in *Old Mac Donald*, KV 12, S. 78) oder ganze Textstrukturen in Form von Szenarien wie bei der *Eencey Weencey Spider* (KV 13, S. 79). Des Weiteren ist bei der Auswahl der Lieder darauf zu achten, dass nicht zu viele neue Wörter in dem Lied vorkommen, die Strukturen sollten wiederkehrend und der Inhalt des Liedes sollte leicht visualisierbar sein.

Je nach Alter und Lernstufe der Kinder kann der Text des Liedes auch in schriftlicher Form zu Hilfe genommen werden, natürlich nur dann, wenn das Lied bereits mehrere Male von den Kindern gehört und gesungen wurde.

Chants
Folgt man dem „Longman Dictionary of Contemporary English" so ist ein *chant: "a regularly repeated tune, often with many words sung on one note* [...]"[5]; also ein eintöniger Sprechgesang. Ursprünglich stammen *chants* aus dem afro-amerikanischen Raum, wo sie häufig in Gottesdiensten, aber auch während der Arbeit gesungen wurden.

Warum sollte man *chants* im Fremdsprachenunterricht der Grundschule einsetzen? *Chants* folgen einem bestimmten Rhythmus, den sich die Kinder leicht einprägen können. Des Weiteren hilft der Rhythmus den Kinder dabei, sich selbst zu korrigieren, wenn sie merken, dass die von ihnen verwendeten Wörter und Sätze nicht zum Rhythmus passen. *Chants* enthalten sich wiederholende Strukturen (*patterns*) und fördern somit das Lernen ganzer sprachlicher Einheiten. Man kann einen *chant* in Form eines Dialogs aufbauen, was ihn zu einer Form von „echter Kommunikation" macht. Ein *chant* ist genauso motivierend wie ein Lied und hat zudem den Vorteil, dass auch Kinder, die nicht so gut singen können oder Schwierigkeiten haben, sich Melodien einzuprägen, bei der Durchführung aktiv mitarbeiten können.

Innerhalb der *chants* lassen sich zwei Untergruppen bilden: Es gibt *chants*, die gänzlich ohne Bewegung auskommen und deren Bedeutung durch Bilder deutlich gemacht wird, z. B. *"Five kittens in a row"* (KV 14, S. 80), und solche, die durch Bewegungen unterstützt werden, die sogenannten *movement chants*.

Ein Beispiel hierfür ist:
Up - down, touch the ground. (Hände nach oben heben, in Körpermitte vor sich strecken, den Boden berühren)
Up - down, turn around. (hoch, Mitte, einmal um sich selbst drehen)
Up - down, clap, clap, clap. (hoch, Mitte, dreimal klatschen)
Up - down, snap, snap, snap. (hoch, Mitte, dreimal schnippen)
Up - down, hop, hop, hop. (hoch, Mitte, dreimal hopsen)
Up - down, stop. (hoch, Mitte, Stop)

Action rhymes
Ähnlich wie bei den *movement chants* werden bei den *action rhymes* die Wörter bzw. Sätze durch Bewegungen unterstützt. *Action rhymes* sind allerdings kürzer und basieren weniger auf einem Rhythmus als auf dem Reim am Ende eines Satzes. *Action rhymes* können in Form von Bildern eingeführt werden oder indem die Lehrperson die Bewegungen einfach vormacht, während sie den Text spricht. Mein persönlicher Lieblingsreim ist *Ten Little Monkeys,* den „meine" Kinder zu Beginn des 2. Schuljahres gelernt haben, als wir das Thema *zoo animals* behandelt haben.

Ten (Zehn mit den Händen zeigen)
little (mit Daumen und Zeigefinger das Zeichen für klein darstellen)
monkeys (2 x mit den Händen unter die Achselhöhlen greifen)
jumping (2 x hüpfen)
on the bed. (Handflächen aufeinanderlegen und Kopf wie zum Schlaf darauf legen)

One (Einen Finger hochhalten)
fell off (geballte Fäuste „rollen" und dabei Richtung Boden bewegen)
and bumped his head. (mit einer Hand leicht gegen den Kopf schlagen)

Mama called the doctor (Hand wie einen Telefonhörer ans Ohr halten)
And the doctor said:
"No more (erhobener Zeigefinger)
monkeys (2 x Hände unter die Achselhöhlen)
jumping (2 x hüpfen)
on the bed." (Handflächen aufeinanderlegen und Kopf wie zum Schlaf darauf legen)

4.2.4 Spiele

Spiele sind in der frühen Fremdsprachenarbeit ein ebenso wichtiger Bestandteil wie Lieder oder das *storytelling.* Auch sie dienen der Festigung von Vokabular und sind darüber hinaus eine gute Möglichkeit, die sozialen Kompetenzen der Kinder zu fördern. Anders als bei sportlichen Wettkämpfen steht bei fremdsprachlichen Spielen allerdings nicht der Sieg an erster Stelle, sondern die Verbesserung der kommunikativen Kompetenz der Kinder - was nicht bedeutet, dass man den Ehrgeiz der Kinder, ein Spiel zu gewinnen, nicht als Motivation ausnutzen kann.

Viele Spielformen sind den meisten Kindern bereits aus dem Kindergarten geläufig, wie z. B. das *Paarspiel* oder auch Domino. Im fremdsprachlichen Spiel kommt dann lediglich die fremde Sprache hinzu. Im Folgenden stellen wir die gängigsten Spiele jeweils an einem Themenbeispiel vor. Für alle beschriebenen Spiele gilt, dass man sie auf nahezu jedes beliebige Vokabular abstimmen kann.

What's missing?
In diesem Spiel werden die *flashcards* des aktuell gelernten Vokabulars entweder an die Tafel gehängt, oder - sofern man den Platz für einen Sitzkreis hat - auf den Boden gelegt. Die Lehr-

kraft fordert die Kinder nun mit dem Satz *"Close your eyes, please"* auf ihre Augen zu schließen. Dann nimmt sie eine Karte weg, bittet die Kinder mit *"Open your eyes, please"*, die Augen wieder zu öffnen und fragt sie dann nach dem fehlenden Bild (*What's missing?*). Ist das Spiel den Kindern bekannt, darf das Kind, welches die korrekte Antwort gegeben hat (wenn möglich gleich in einem ganzen Satz wie *"The cat is missing")* als nächstes eine Karte wegnehmen und die Frage stellen. Bei schüchternen Kindern hilft hier auch mal die eingeflüsterte Hilfestellung der Lehrperson.

Kimspiele
Passend zu dem zuvor erläuterten *What's missing?* eignen sich die *flashcards* oder im Idealfall auch Realia gut zu Kimspielen wie z. B. *What did you see?* Hierbei gibt man zunächst allen Kindern eine Weile lang die Möglichkeit sich sämtliche Bilder/Realia anzuschauen. Dann werden diese mit einem Tuch abgedeckt oder die Tafel wird umgedreht und die Kinder sollen aufzählen, woran sie sich erinnern (*"I saw an apple, a banana, a pear, an orange and a watermelon")*. Je nach Leistungsstand der Kinder kann das sowohl in mündlicher als auch in schriftlicher Form oder durch Aufmalen geschehen (wobei hier die Rechtschreibung nicht über die Punktevergabe entscheiden darf!).

Simon says
Wie bereits auf S. 15 erwähnt, spielt die sogenannte TPR-Methode (*Total Physical Response*) eine wichtige Rolle im Englischunterricht der Grundschule. Diese Methode begünstigt zum einen die schüchternen Kinder, da sie nicht zum Sprechen, sondern lediglich zum Ausführen von Bewegungen auffordert, zum anderen kommen TPR-Aktivitäten dem Bewegungsdrang der Kinder entgegen.

Eines der beliebtesten TPR-Spiele ist *Simon says* (oder, um alles etwas persönlicher zu gestalten, *Mr/Mrs/Miss XY* (Name der Lehrkraft) *says*). In diesem Spiel geht es darum, die jeweilige Aufforderung der Lehrkraft nur dann umzusetzen, wenn diese vor die Aufforderung die Floskel *Simon says* gesetzt hat. Sagt die Lehrerin oder der Lehrer beispielsweise *"Simon says: touch your nose"*, dann müssen alle Kinder ihre Nase berühren. Lässt die Lehrkraft die Floskel weg, bleiben die Kinder still stehen, auch wenn die Lehrkraft selbst sich an die Nase greift. Hat ein Kind trotzdem seine Nase berührt, scheidet es aus und muss sich setzen. Ausgeschieden sind auch die Kinder, die trotz Nennung der Floskel der Aufforderung nicht nachkommen.

Dieses Spiel eignet sich besonders gut zur Festigung der Begriffe für die Körperteile und dem, was man damit machen kann. Zunächst sollte die Lehrkraft immer die passenden Bewegungen vormachen, später kann sie auch nur die mündlichen Anweisungen geben, um zu sehen, ob die Schülerinnen und Schüler auch wirklich wissen, was sie von ihnen erwartet. Um zu vermeiden, dass die Kinder einem Gruppenzwang erliegen und alles das machen, was die jeweilige Nachbarin oder der jeweilige Nachbar macht, kann man das Spiel auch ab und zu ruhig mal mit geschlossenen Augen spielen (Achtung: unter Umständen Verletzungsgefahr!). Ganz starke Kinder kann man auch dazu anhalten, sich im Wechsel mit der Lehrkraft Anweisungen für die Mitschülerinnen und -schüler auszudenken. Mögliche Anweisungen für das Spiel sind:

Touch your nose, head, ears, tummy, etc.
Show me your eyes, mouth, back etc.
Jump up and down
Roll your eyes, hips, etc.
Shake your arms, legs, hands, etc. (hier sehr beliebt: *bottom*)
Turn around
Touch the floor
Pull your ears, hair, fingers, etc.

***Snap* (Klatschspiel)**
Ein ebenfalls beliebtes Spiel, welches auch dem TPR-Ansatz zuzuordnen ist, heißt „Snap". Hierbei hängt die Lehrkraft auf beide Tafelhälften jeweils dieselben *flashcards* mit Vokabeln. Die Klasse wird in zwei Reihen vor der Tafel aufgestellt und der jeweils Erste in der Reihe bekommt eine Fliegenklatsche in die Hand. Auf die Anweisung *"Show me the XY"* müssen die Kinder nun auf die genannte Vokabel schlagen. Die schnellere Spielerin oder der schnellere Spieler mit der richtigen Antwort erhält einen Punkt für ihre oder seine Mannschaft. Gewonnen hat am Ende die Gruppe mit den meisten Punkten. Auch hier können in späteren Durch-

gängen starke Kinder die Rolle der Lehrkraft übernehmen.

Fruit salad **(KV 15 a – e, S. 81 ff.)**
Das Bewegungsspiel schlechthin ist nicht ausschließlich mit Vokabular zum Thema „Obst“ spielbar. Nachdem sich alle Kinder in den Stuhlkreis begeben haben, zieht jedes von ihnen eine Karte, auf dem das Bild einer Frucht (eines Tieres, Fortbewegungsmittels, Familienmitgliedes, einer Farbe etc.) abgebildet ist. Die Lehrkraft steht in der Kreismitte und nennt eine dieser Früchte und alle Kinder, die ein passendes Bild haben, müssen die Plätze tauschen, während auch die Lehrkraft selbst versucht, einen freien Stuhl zu ergattern. Schafft sie dieses, muss das übriggebliebene Kind in der Mitte stehen und selbst eine Frucht nennen. Um alle Kinder gleichzeitig zum Aufstehen zu bewegen, kann man auch *fruit salad* bzw. ein äquivalentes Wort passend zur Vokabelkategorie rufen.

Hier kann man den Schwierigkeitsgrad dadurch steigern, dass auch Überbegriffe benannt werden dürfen. Spielt man das Spiel z. B. mit Monatsnamen, kann auch die Nennung der Jahreszeiten zulässig sein, sodass bei *spring* alle Kinder aufspringen müssen, die Karten mit den Frühlingsmonaten haben. Dieses Vorgehen bringt die Kinder zum genauen Hinhören, zum Nachdenken und Kombinieren sowie zum Denken in Kategorien, da die einfache Nennung der Jahreszeit ihnen noch nicht gleich sagt, ob sie aufspringen dürfen oder nicht.

Montagsmaler

Wer kennt dieses Spiel nicht noch aus seinen eigenen Kindertagen? Die Klasse wird zunächst in zwei oder mehr Gruppen geteilt. Abwechselnd kommt immer ein Kind nach vorne und versucht, das von der Lehrperson auf einer (Bild-) Wortkarte gezeigte Wort zu malen. Die Gruppe, die den Begriff am schnellsten richtig erraten hat, bekommt den Punkt.

Hier eignen sich zunächst Nomina ganz besonders gut. Können die Kinder bereits lesen, sind auch Verben eine gute Alternative (wobei auch diese dann durch Bilder darzustellen sind).

Repeat it if it’s true
Um zu testen, ob die Schülerinnen und Schüler verstehen, was man ihnen sagen möchte, kann man sie auch auffordern, nur dann den von der Lehrkraft geäußerten Satz zu wiederholen, wenn sie der Meinung sind, dass er korrekt ist. Hält man beispielsweise das Bild einer blauen Katze nach oben, dürfen die Kinder den Satz *“This is a cat”* wiederholen, nicht aber die Äußerung *“The cat is* red.” Bei diesem Spiel sind der Fantasie keine Grenzen gesetzt. So kann man beispielsweise im ersten Schuljahr lediglich den Gegenstand auf dem Bild benennen, wohingegen man bei älteren Lernenden bereits Details wie *“The girl is wearing a blue pullover”* beschreiben kann. Der Vorteil an dieser Methode ist, dass die Kinder ganze Sätze nachsprechen ohne dabei in die Verlegenheit zu kommen, alleine vor der Klasse zu sprechen.

Paarspiel **(KV 16 a – c, S. 86 ff.)**
Dieses Spiel kennen die meisten Kinder bereits aus dem Kindergarten. Die Regeln sind daher schnell erklärt. Beim fremdsprachlichen *Paarspiel* sollte man den Kindern allerdings erklären, dass sie beim Umdrehen der jeweiligen Karte immer sagen müssen, was sie auf dem Bild sehen, und das möglichst in einem ganzen Satz (*“This is a/an XY”*). Hierbei können die Mitspielerinnen und Mitspieler zunächst helfen, später aber auch die anderen korrigieren.

Paarspiele lassen sich sowohl nur mit Bildkarten als auch mit einer Mischung aus Wort- und Bildkarten spielen. Auch hier sind bei der Auswahl von Themen keinerlei Grenzen gesetzt. Mein persönlicher Favorit ist ein Wetter-Paarspiel, das ich für meine 2. Klasse gebastelt habe. Hierbei habe ich nicht nur die Bilder und Wörter für *sun, wind, rain, fog, cloud* und *snow* verwendet, sondern auch die dazugehörigen Adjektive *sunny, windy, rainy, foggy, cloudy* und *snowy*. Um für die Kinder eindeutig zu machen, welches Bild ein Nomen und welches Bild ein Adjektiv darstellt, habe ich einfach die Bild- und Wortkarten der Adjektive mit einem Buntstift angemalt.

Domino (KV 17 a und b, S. 89f.)
Diese Form des Spiels eignet sich besonders gut zur Festigung des Schriftbildes und zur Förderung der fremdsprachlichen Lesekompetenz und ist daher eher gegen Mitte bzw. Ende der 2. Klasse einzusetzen. Die Kinder bekommen hier eine gewisse Anzahl an Karten, auf denen sowohl ein Bild als auch ein Wort abgebildet sind. Weitere Karten liegen auf einem Stapel, von dem zu Spielbeginn die erste Karte auf den Tisch gelegt wird. Die Schülerinnen und Schüler haben nun die Aufgabe, zu beiden Seiten ihre Karten anzulegen. Auch hier sollte zuvor betont werden, dass die Kinder die Gegenstände etc. zunächst benennen sollen. Auch hier eignen sich Floskeln wie *"I have a …", "This is a …"* oder *"I see a …"*. Kann ein Kind nicht bedienen, muss es eine neue Karte vom Stapel abheben. Sieger ist das Kind, das als erstes keine Karten mehr auf der Hand hat.

Bingo **(KV 18, S. 91)**
Anders als beim herkömmlichen *Bingo* werden beim Fremdsprachenbingo nicht viele verschiedene Spielkarten an die Schülerinnen und Schüler verteilt, sondern für jedes Kind dieselbe Karte. Auf dieser Karte befinden sich dann jeweils 9 oder 16 Vokabelbilder. Jede Gruppe bekommt 3 (5) Spielsteine, die sie auf ihrem Bingobrett verteilen darf. Die Lehrkraft zieht dann aus einem Säckchen die Bildkarten und benennt sie. Hat die Gruppe einen Stein auf diesem Bild liegen, darf sie ihn wegnehmen. Wer zuerst ein leeres Bingobrett hat, ist Sieger. Auch hier können später wieder starke Kinder die Rolle der Lehrkraft übernehmen.

Auch grammatikalische Phänomene wie beispielsweise das 3. Person-Singular-S lassen sich mit Hilfe von *Bingo* üben. Hierzu gibt man den Kindern Bingokarten mit Bildern von Dingen, die sie mögen könnten und spricht die entsprechenden Sätze entweder in der 3. Person Singular oder der 3. Person Plural laut vor. Die Kinder haben aber nicht nur die jeweiligen Gegenstände auf ihren Bingobogen, sondern auch eine Personenzahl – entweder ein Kind oder zwei Kinder. Wenn sowohl der Gegenstand als auch die Personenzahl stimmen (erkennbar vor allem an der Benutzung bzw. Nicht-Benutzung des 3. Person-Singular-S – d.h. *Mary loves horses* vs. *Peter and Mary love horses*), dürfen die Kinder einen Stein wegnehmen.

Monsters **(KV 19 a–c, S. 92 ff.)**
Die Monster können auf unterschiedliche Art und Weise verwendet werden. Zum einen kann man mit den Kindern ein *colour dictation* machen, bei dem man den Kindern die Farbe diktiert, mit der sie die einzelnen Körperteile anmalen sollen. So kann man überprüfen, ob die Kinder die Namen der Körperteile und auch die Farben kennen. Möchte man, dass die Kinder selbst sprachaktiv werden, kann man die Kinder bitten ihre Monster selbst bunt anzumalen und dann vor der Klasse vorzustellen. (*"My monster has two arms. One arm/the left arm is green, one arm/the right arm is red."*) Des Weiteren ist es möglich, dass die Kinder ihre eigenen Monster (zum Beispiel im Kunstunterricht) malen und den Mitschülern vorstellen.

Anmerkungen:

1 Erschienen im Westermann Schulbuchverlag 2004, CD-ROM mit dazugehörigem Begleitbuch
2 Meine Schülerinnen und Schüler finden es z.B. zum Brüllen komisch, wenn ich ihnen die Vokabeln vorsinge.
3 Verschiedene Möglichkeiten zu loben sind z.B.: *good, that was nice, fine, very good, well done, excellent, great, I like that, good job, magnificent, superb, perfect, wonderful, terrific, brilliant, super, fantastic, outstanding*
4 Alle drei Themenbereiche werden im Sachunterricht bzw. im Mathematikunterricht (Orientierung im Raum) behandelt und können somit fachübergreifend unterrichtet werden.
5 Longman Dictionary of Contemporary English. New Edition. Pearson Education Limited. Essex 2003, S. 246.

Kopiervorlage 1: Schlangen-S und Bienen-S

Kopiervorlage 2a: Scat the cat

Kopiervorlage 2b: Scat the cat

Kopiervorlage 3a: The Frog Family

Kopiervorlage 3b: The Frog Family

Kopiervorlage 3c: The Frog Family

Kopiervorlage 4: The Three Little Pigs

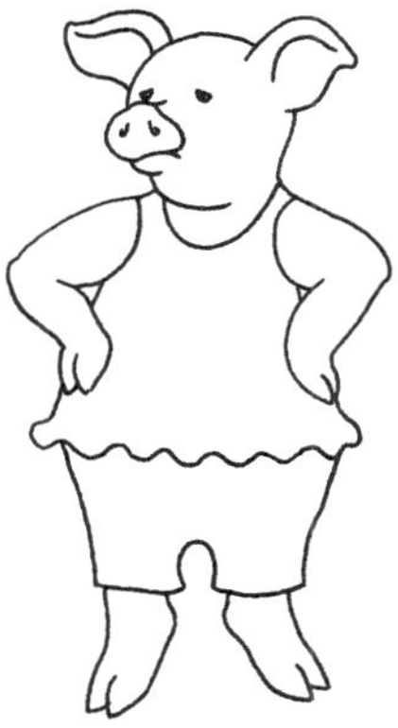

Kopiervorlage 5a: Tommy is bored

Kopiervorlage 5b: Tommy is bored

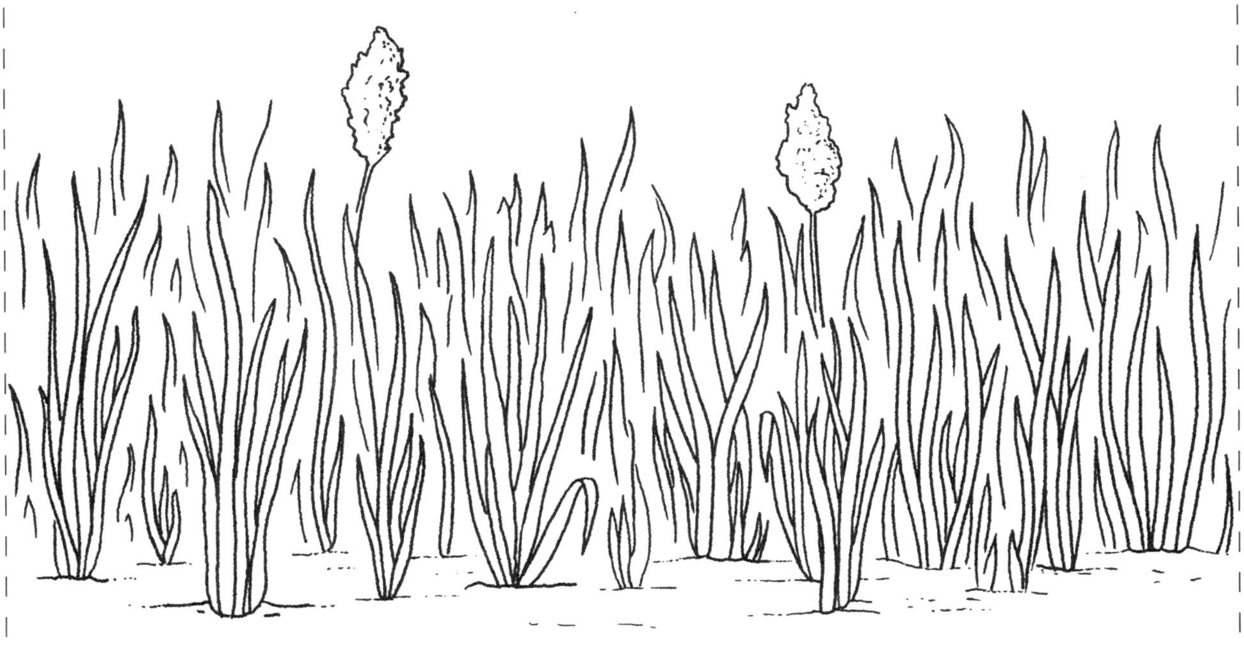

Kopiervorlage 5c: Tommy is bored

Kopiervorlage 5d: Tommy is bored

Kopiervorlage 6a: At the doctor's

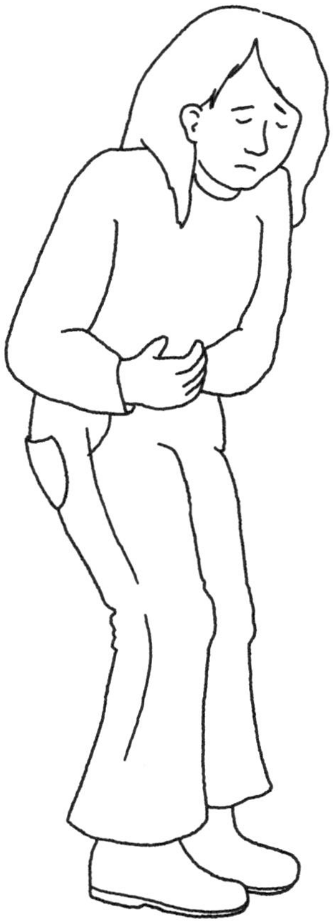

Kopiervorlage 6b: At the doctor's

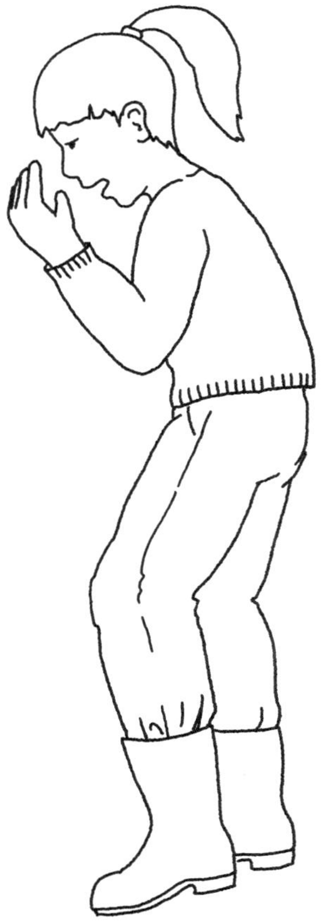

Kopiervorlage 6c: At the doctor's

Kopiervorlage 6d: At the doctor's

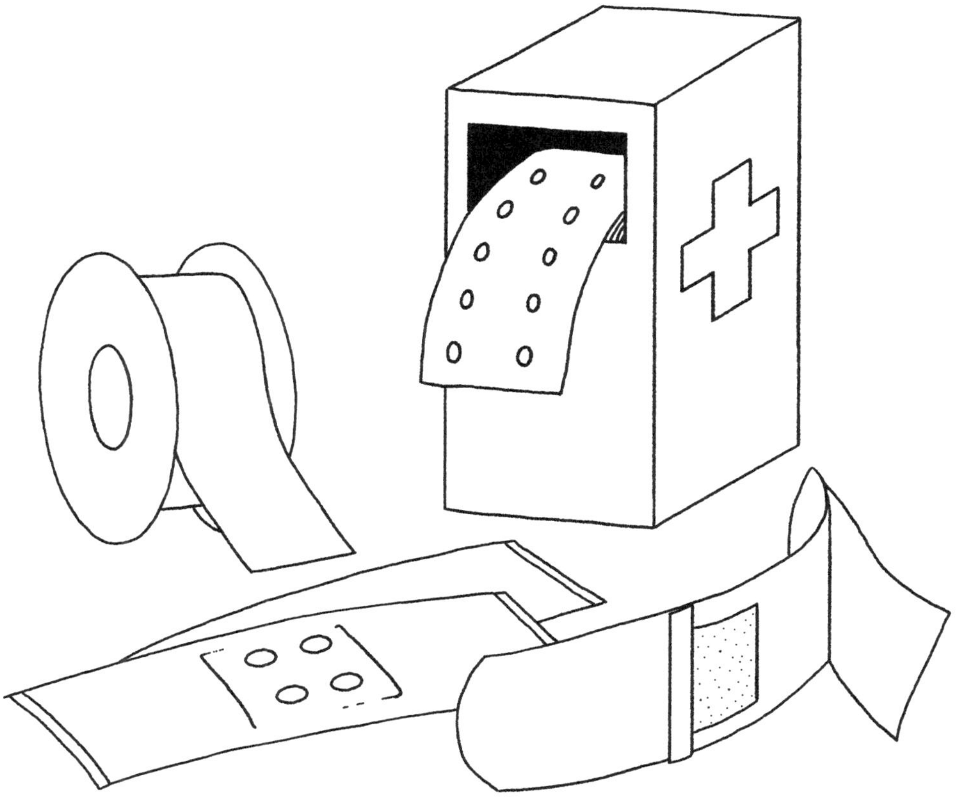

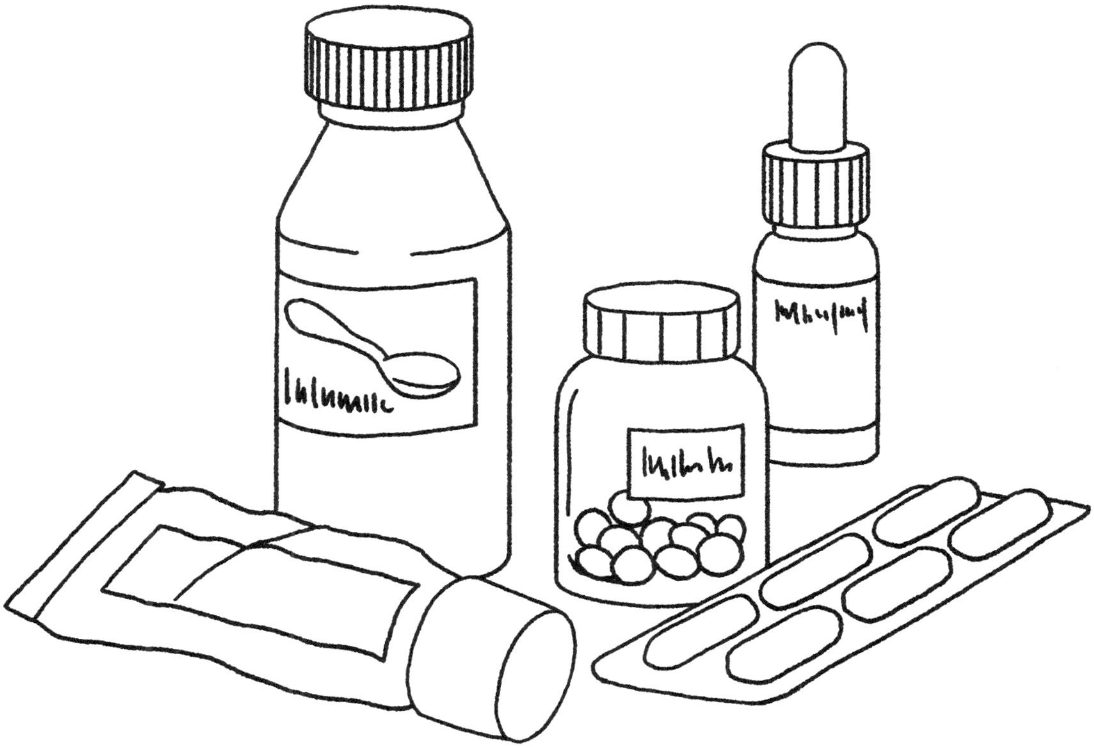

Kopiervorlage 7a: We go shopping

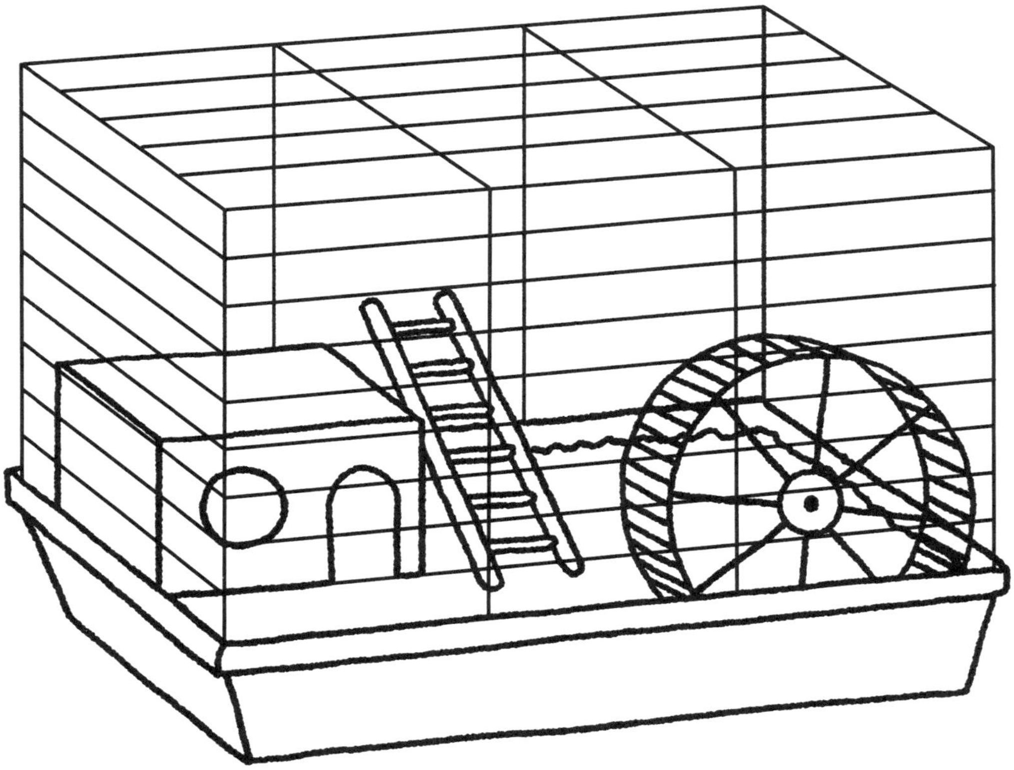

Kopiervorlage 7b: We go shopping

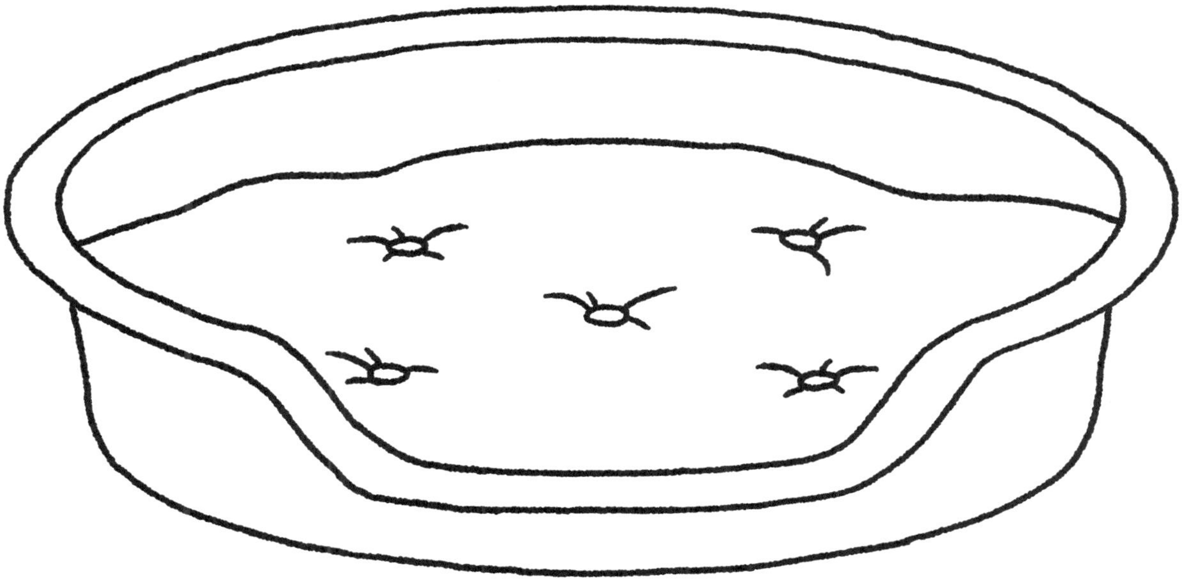

Kopiervorlage 7c: We go shopping

Kopiervorlage 7d: We go shopping

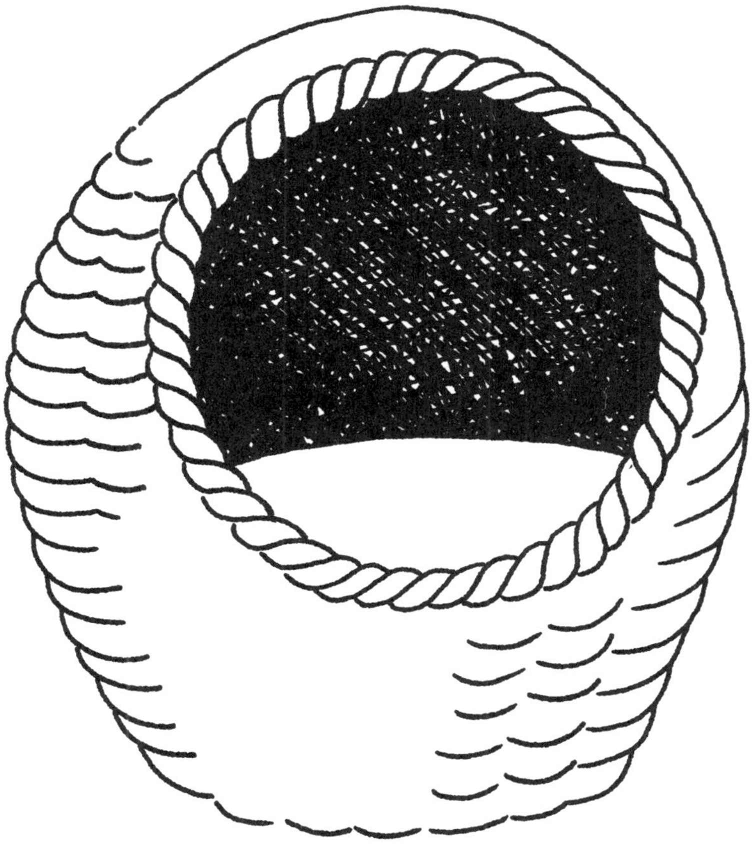

Kopiervorlage 7e: We go shopping

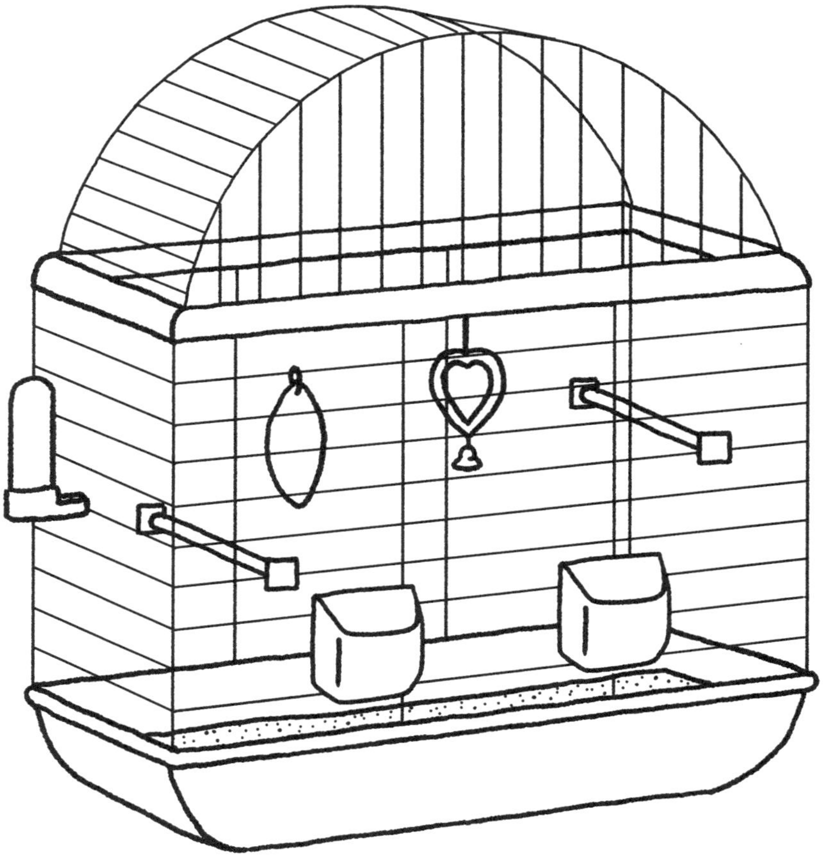

Kopiervorlage 7f: We go shopping

Kopiervorlage 8a: Asking for information

Kopiervorlage 8b: Asking for information

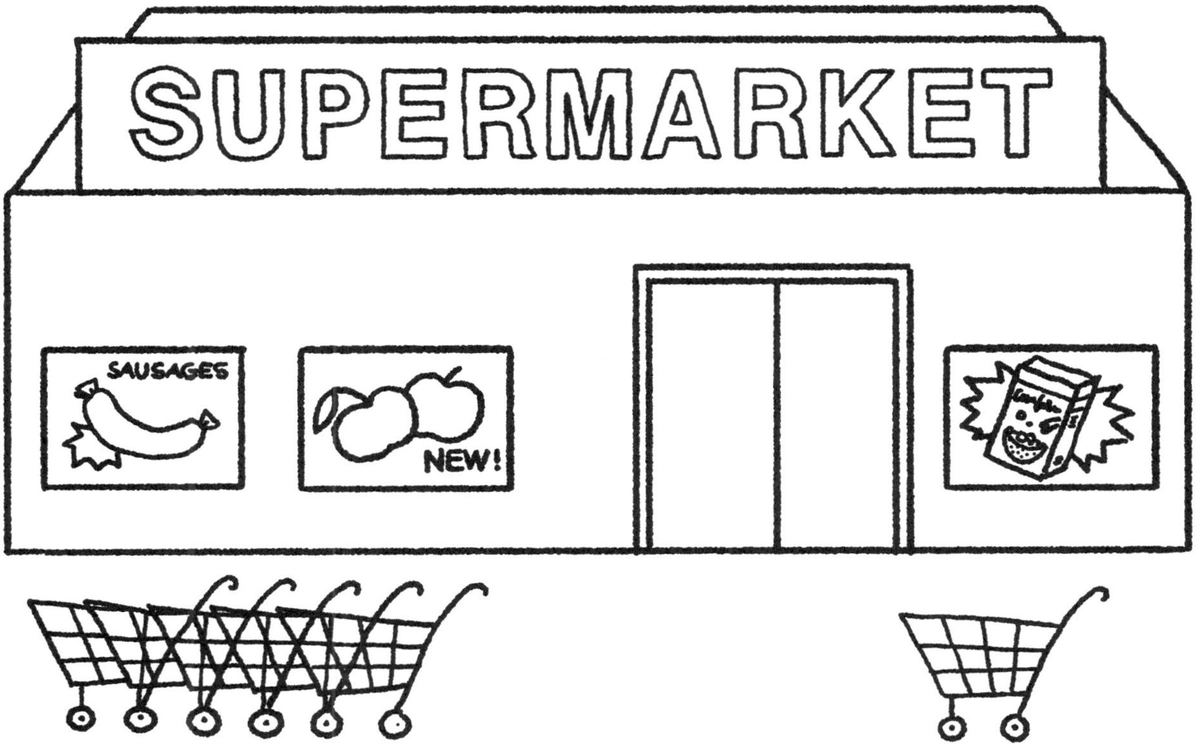

Kopiervorlage 8c: Asking for information

Kopiervorlage 8d: Asking for information

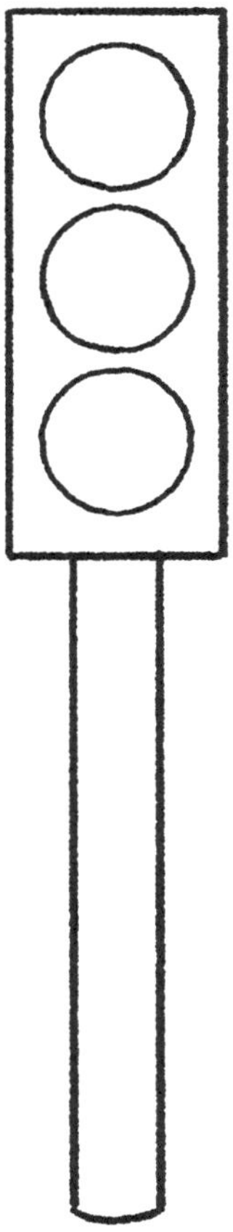

Kopiervorlage 8e: Asking for information

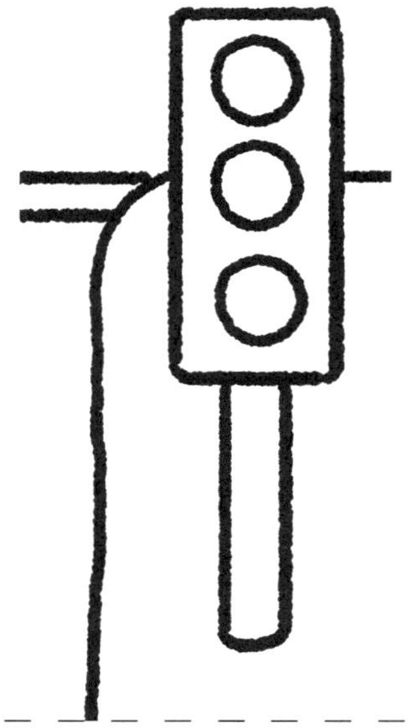

Good morning Mr Mitchel

T: Kriwanek
M: Kriwanek / Orlamünder / Schwarz

2. Good morning Mrs Baker how are you today?
Thank you I´m fine that is all I can say.
Good morning Mrs Baker how are you today?
Thank you I´m fine that is all I can say.

3. Good morning Amanda how are you today?
Thank you I´m fine that is all I can say.
Good morning Tom how are you today?
Thank you I´m fine that is all I can say.

Happy happy birthday

T: Kriwanek
M: Kriwanek / Orlamünder / Schwarz

2. Cousin Curtis comes by boat then by car along the road.
Aunt Eve rides the motorbike and so does Uncle Mike.
They all come to see me...

3. Grandpa Simon makes the trip on a big old sailing ship.
Grandma Gertrud she is bound to take the underground.
They all come to see me...

Ten little Leos

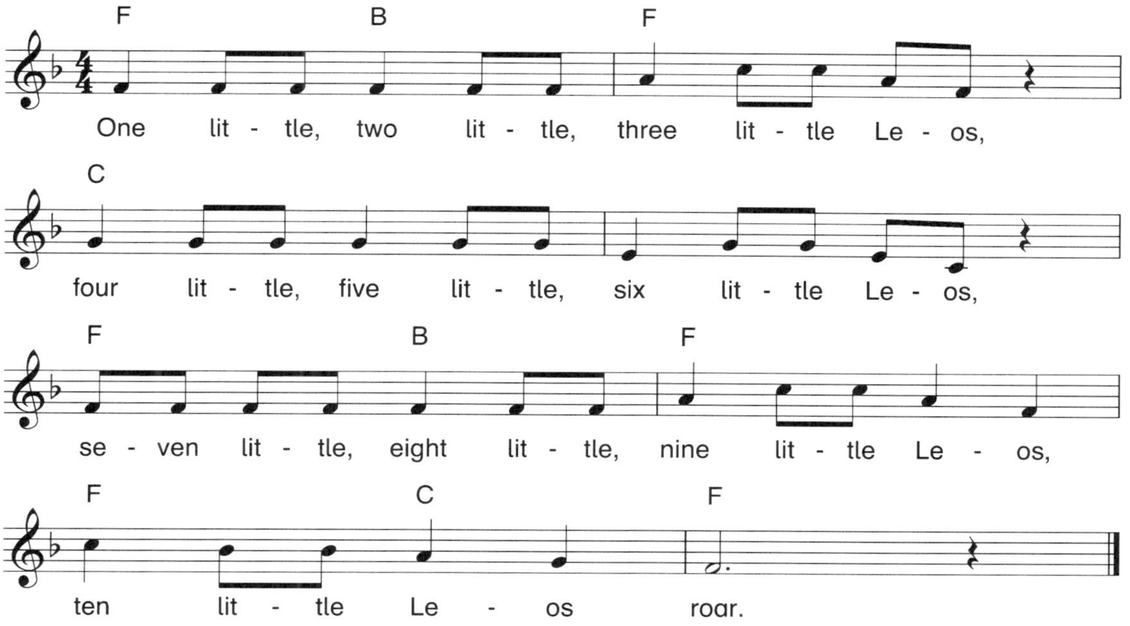

M: traditional

One – two – three – four – five.

Six – seven – eight –
nine – ten.

One little, two little,
three little Leos.
Four little, five little,
six little Leos.
Seven little, eight little
nine little Leos.
Ten little Leos – roar!

Hum along.
Sing along.

Old Mac Donald

2. Old Mac Donald has a farm E-I-E-I-O.
   And on his farm he has some cats E-I-E-I-O.
   With a miaow-miaow here,
   and a miaow-miaow there,
   here a miaow, there a miaow,
   ev'rywhere a miaow-miaow.

3. And on his farm he has some pigs …
   (oink-oink)

4. And on his farm he has some cows …
   (moo-moo)

5. And on his farm he has some ducks …
   (quack-quack)

6. And on his farm he has some bumblebees …
   (bzzz-bzzz)

Traditional

Eencey weencey spider

The eencey weencey spider
Climbed up the water spout.
Down came the rain
And washed the spider out.

Out came the sun
And dried up all the rain.
And the eencey weencey spider
Climbed up the spout again.

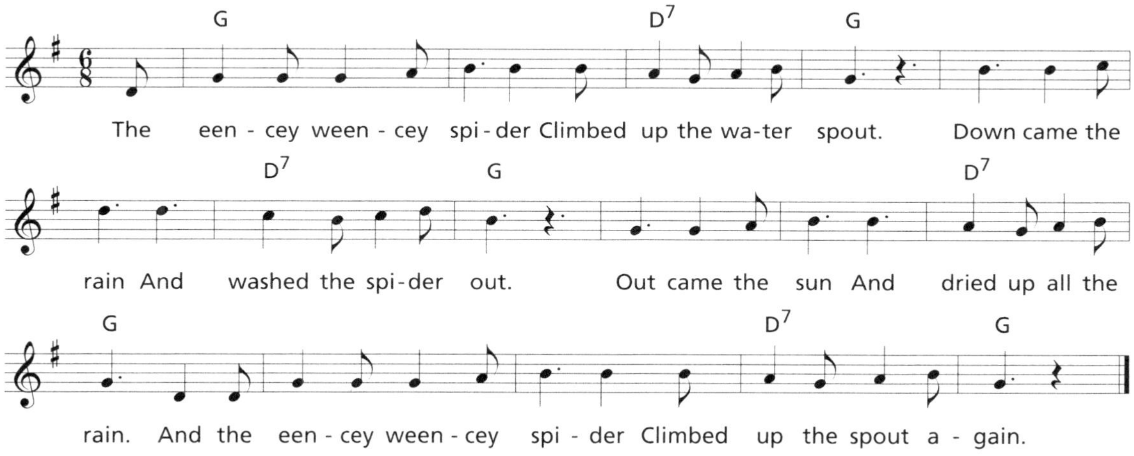

Five kittens in a row

Five little kittens standing in a row
They nod their heads to the children, like so.
They run to the left, they run to the right,
They stand up and stretch in the bright sunlight.
Along comes a dog who's in for some fun,
Meow, see those kittens run.

Kopiervorlage 15a: Fruit

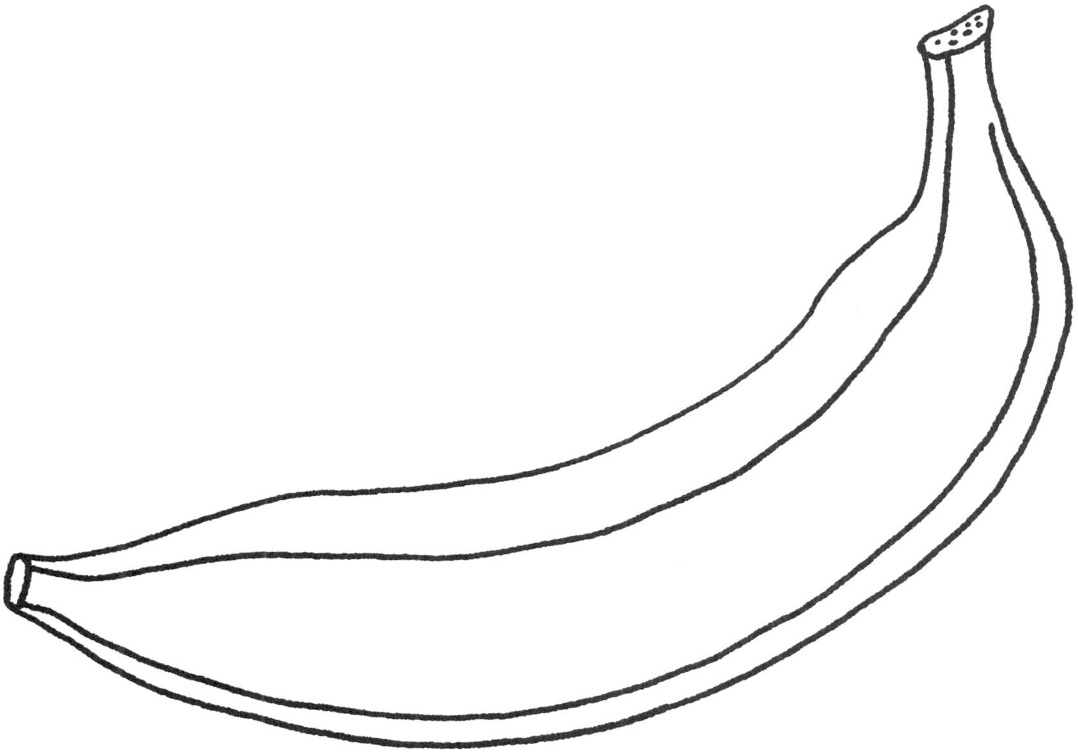

Kopiervorlage 15b: Fruit

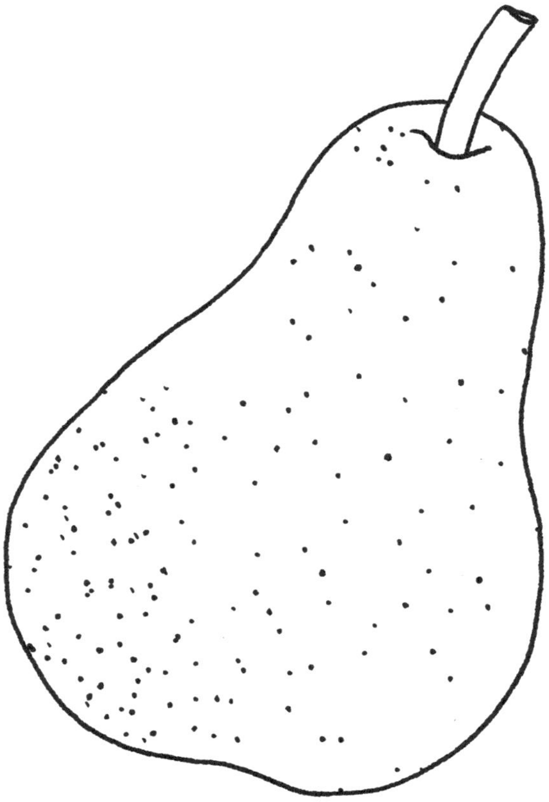

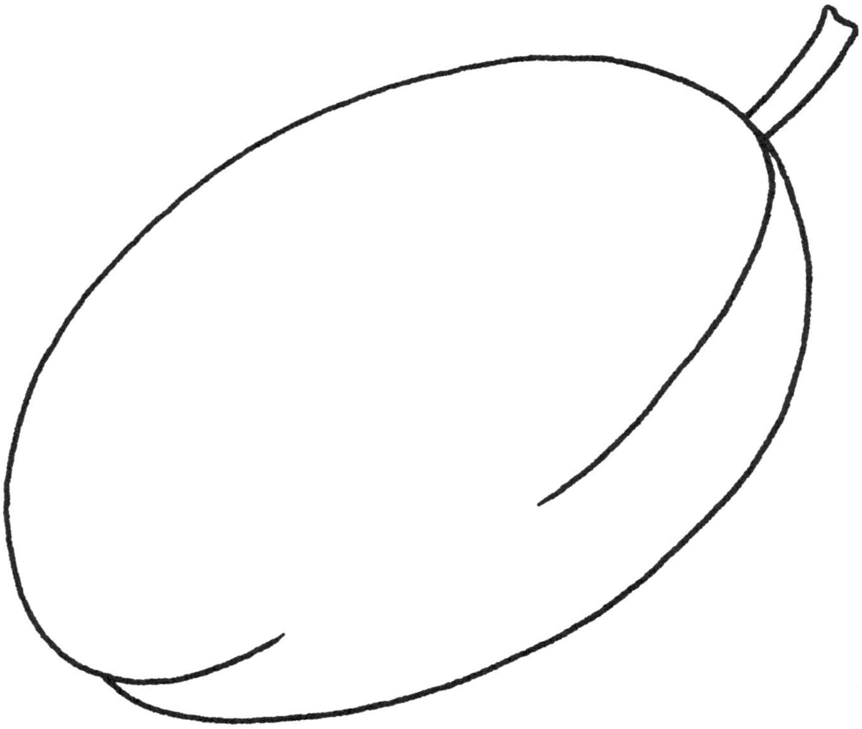

Kopiervorlage 15c: Fruit

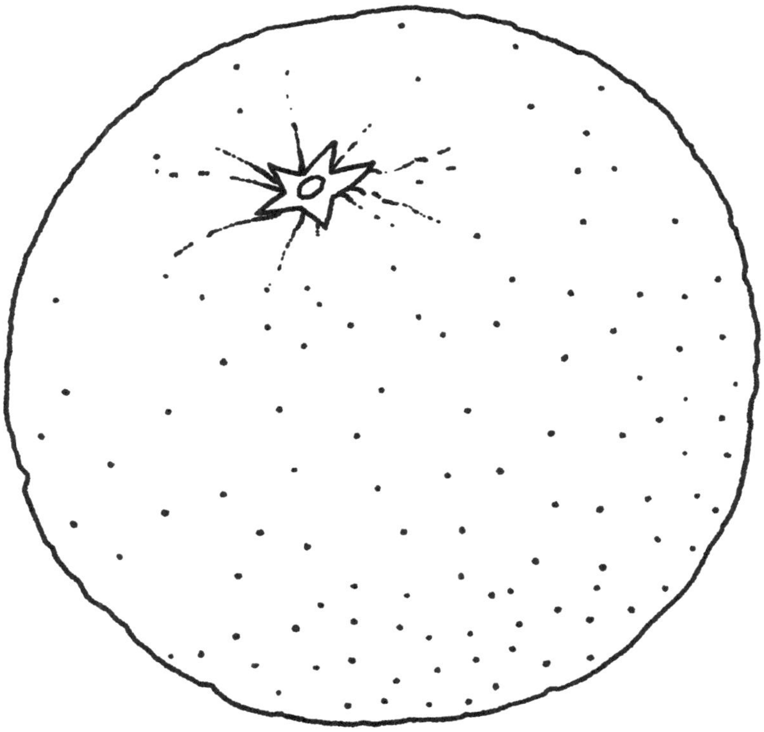

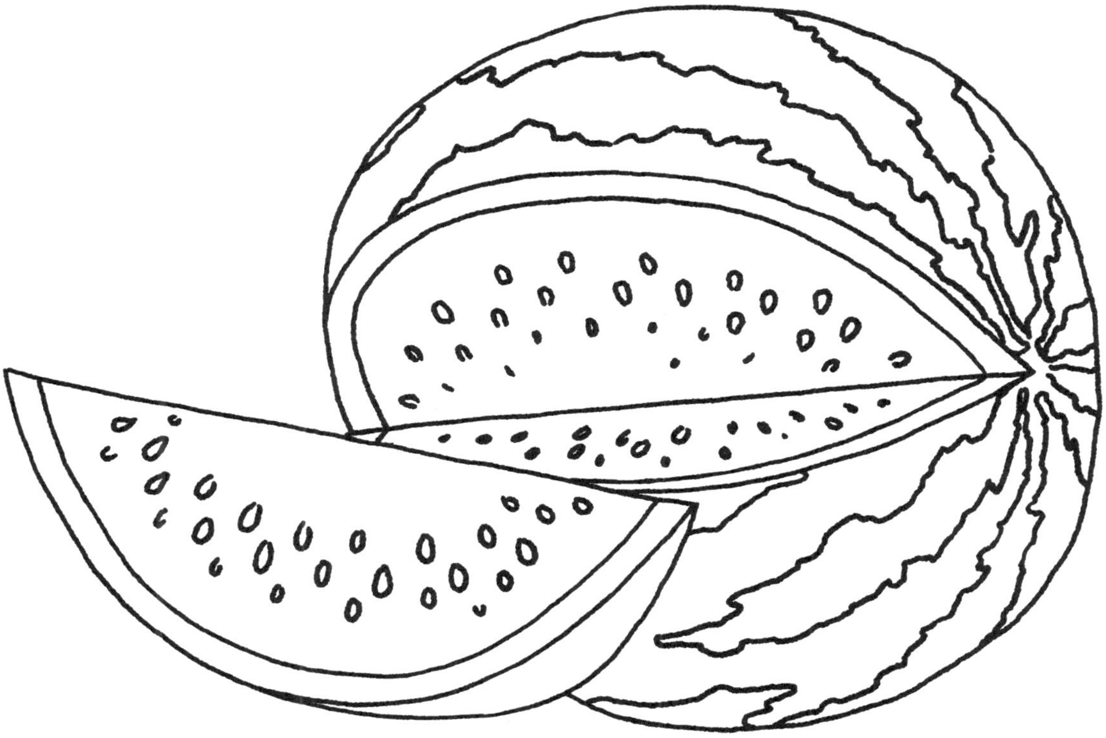

Kopiervorlage 15d: Fruit

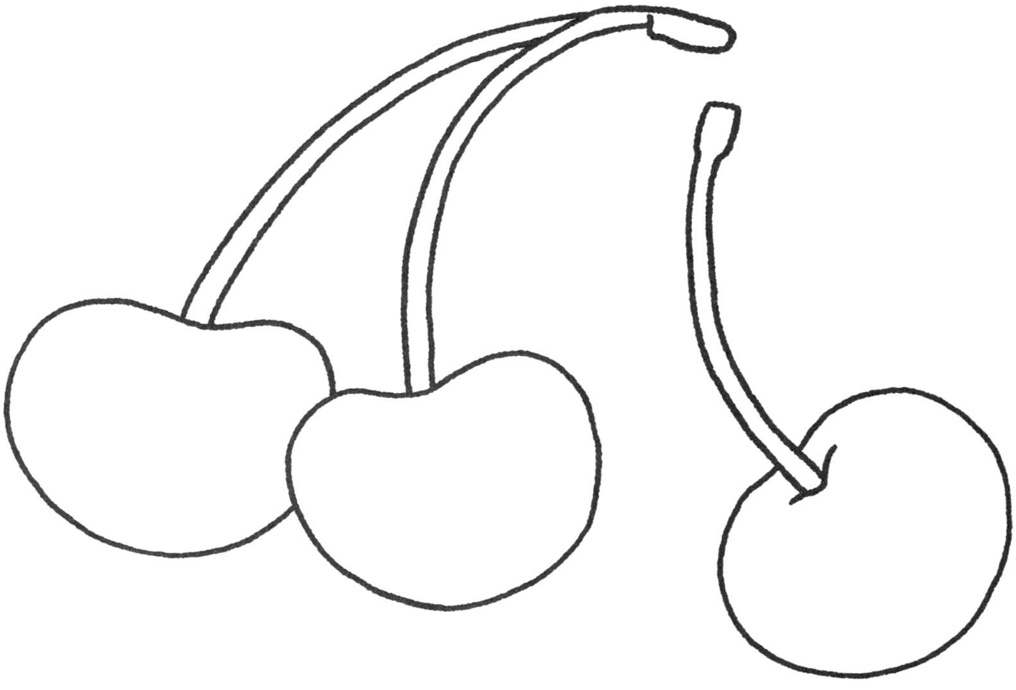

Kopiervorlage 15e: Fruit

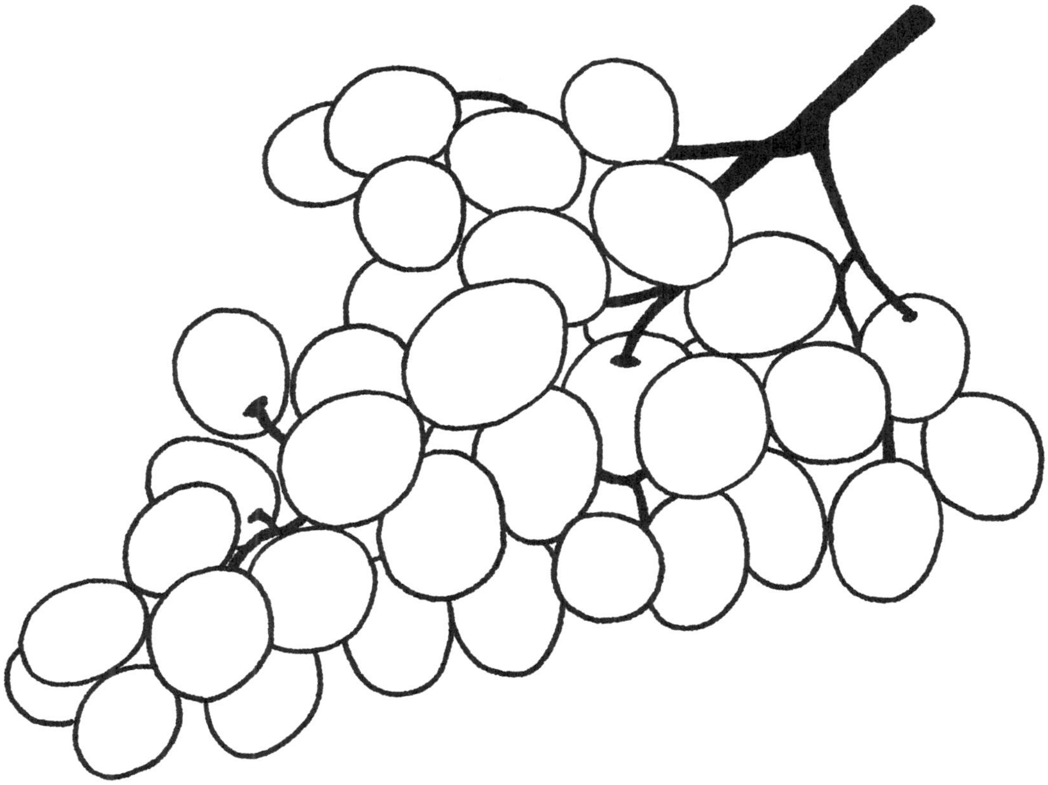

Kopiervorlage 16a: Paarspiel

Kopiervorlage 16b: Paarspiel

sun	**wind**
rain	**fog**
cloud	**snow**

Kopiervorlage 16c: Paarspiel

sunny	windy
rainy	foggy
cloudy	snowy

Kopiervorlage 17a: Domino

bird

dog

hamster

fish

cat

bird

fish

dog

Kopiervorlage 17b: Domino

apple		**apple**	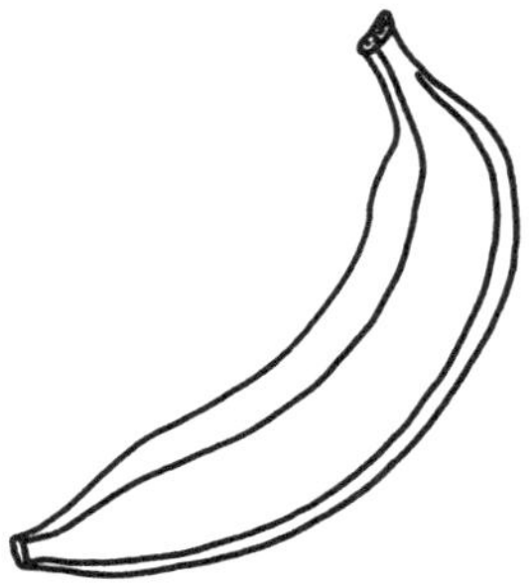
plum	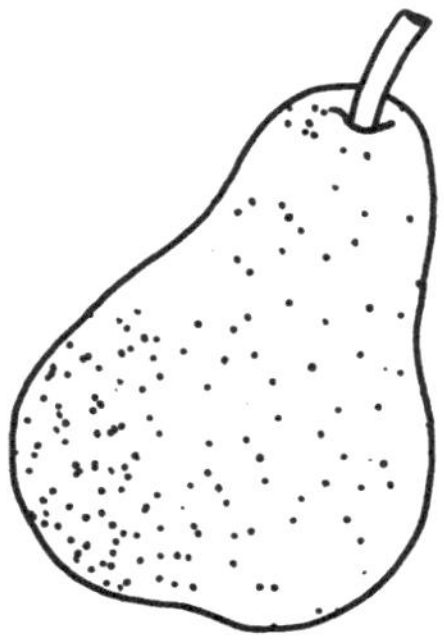	**pear**	
apple		**banana**	
plum	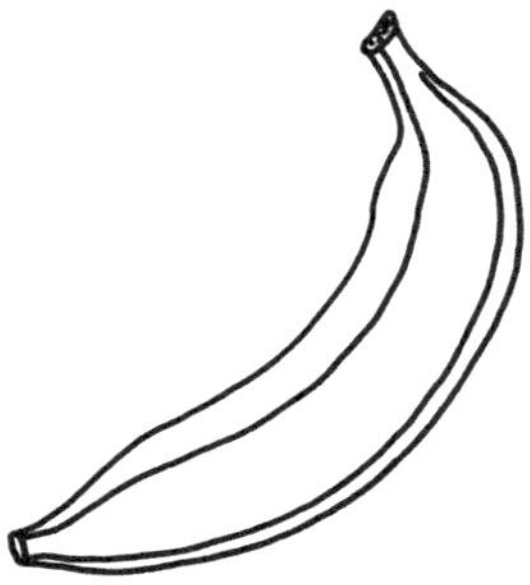	**apple**	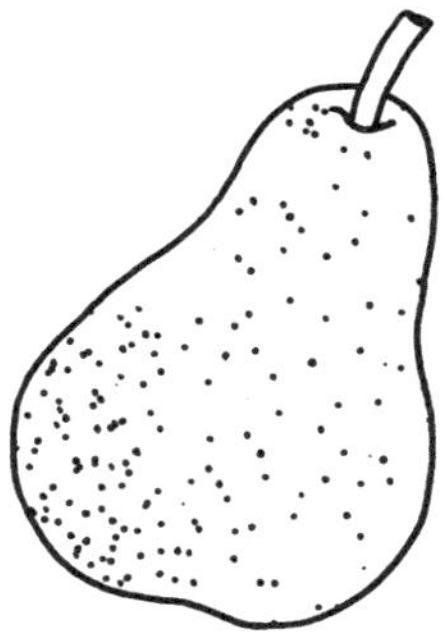

Kopiervorlage 18: Bingo

Kopiervorlage 19a: Monsters

Kopiervorlage 19b: Monsters

Kopiervorlage 19c: Monsters

Kopiervorlage 20a: Numbers

1

2

Kopiervorlage 20b: Numbers

3

4

Kopiervorlage 20c: Numbers

5

6

Kopiervorlage 20d: Numbers

7

8

Kopiervorlage 20e: Numbers

9

10

5 Integration der Fremdsprache in andere Unterrichtsfächer

In den meisten deutschen Bundesländern wird Englisch im Primarbereich als Fach unterrichtet – als einzige Ausnahme findet man in Rheinland-Pfalz den integrierten Fremdsprachenunterricht, bei dem pro Tag zehn Minuten Englisch in den „normalen“ Unterricht (egal, in welches Sachfach) integriert werden. Das soll allerdings für die anderen Bundesländer nicht heißen, dass man die Fremdsprache ‚nur' in der Englischstunde lehren und lernen kann. Es bieten sich gerade im frühen Fremdsprachenlernen weitere interessante Integrationsfelder, in denen man Englisch ansprechend und motivierend einsetzen kann. Neben einer möglichen Integration in andere Unterrichtsfächer (Lieder in Musik, Spiele in Sport, Bilder in Kunst, Gebete in Religion und diverse Sachunterrichtsthemen wie Körperteile, Jahreszeiten, Pflanzen oder auch Ritter und Burgen (vgl. *Discover and Explore*) lässt sich Englisch darüber hinaus hervorragend in den Unterrichtsalltag integrieren. Man kann den Kindern *classroom instructions*[1] geben, sie einstudierte Theaterstücke, Rollenspiele, Sketche oder Lieder auf Schulfesten präsentieren lassen oder gemeinsam mit ihnen E-Mail- oder Brieffreundschaften zu englischsprachigen Schulen pflegen. Die Vorteile einer Integration in weitere Unterrichtsfelder besteht darin, dass den Kindern das sogenannte *code-switching* (das natürliche Hin- und Herspringen zwischen Muttersprache und Zielsprache) leichter gemacht wird und dass sie die Fremdsprache als Medium erfahren können und nicht nur als reinen Lerninhalt.

Zur Integration eignen sich ganz unterschiedliche Themenbereiche. Als Beispiel seien hier einmal die *body parts* genannt, die sich wie folgt in unterschiedliche Fächer integrieren lassen:

Englisch: Vokabeln der verschiedenen Körperteile lernen, Spiel: *Simon says*, *My monster has …* (Bildbeschreibung auf Englisch) (KV 19 a–c, S. 92 ff.)

Musik: Lied *Head, shoulders, knees and toes*

Sport: Wettspiele (Vokabeln als Bildkarten in der Halle auslegen und die Schülerin und den Schüler auf Englisch auffordern eine gewisse Strecke zu laufen und dann ein bestimmtes Wort mitzubringen)

Sachunterricht: Körperteile von Tieren und/oder Menschen (der Hund ist z. B. ein Thema im Sachunterricht des ersten Schuljahres). Hier würde sich über die Körperteile hinaus auch ein *storytelling* nach Art von *Scat the cat* (vgl. S. 39 f.) eignen, bei dem ein Hund seine Farbe nicht mag und am Ende vielleicht ganz bunt ist (*green legs, red ears, yellow head,* etc.).

Deutsch: Personenbeschreibung (die Monster aus dem Englischunterricht beschreiben lassen)

Anmerkung:

[1] Die Möglichkeiten sind hier nahezu unbegrenzt. Beispiele hierzu sind: *Stand up, please; Sit down, please; Open your book on page XY, please; Open the door/window, please; Come to the board, please; Make a circle/semicircle, please; Talk to your neighbour, please; Work with your partner, please; Take out your pen/pencil/exercise book/scissors/glue, please; Please be quiet; Enjoy your breakfast.*

First steps – die allererste Englischstunde

6

Im Folgenden geht es um die allererste Englischstunde und was darauf folgen kann. Wann sollte ich als Lehrkraft eigentlich mit dem Englischunterricht anfangen und was genau mache ich in den ersten Stunden? Zunächst sollte die Faustregel gelten, dass man die Kinder erst einmal in der Schule ankommen lassen sollte. Die ersten Tage und Wochen sind für die Erstklässler sehr aufregend, alles ist neu und noch wenig vertraut. Die Kleinen müssen zunächst die für den Schulalltag so wichtigen Regeln des Zusammenlebens lernen. Sie müssen lernen stillzusitzen, sich zu melden und geduldig zu warten, bis sie an der Reihe sind. Auch die ersten Schreib- und Leseübungen sind zunächst noch ein mehr oder weniger großes Hindernis, das es zu überwinden gilt. Um die Kinder in dieser Eingewöhnungsphase nicht zu überfordern, ist es ratsam, nicht sofort mit dem Englischunterricht anzufangen. Man sollte die Schülerinnen und Schüler aber auch nicht zu lange warten lassen, denn in der Regel sind gerade die Kleinsten überaus wissbegierig und freuen sich auf den Englischunterricht. Geben Sie den Kindern also einige Wochen Vorlaufzeit zum Eingewöhnen und beginnen Sie, wenn vom Lehrplan her möglich, dann so um die Zeit der Herbstferien.

Was eignet sich am besten zum Einstieg? Mein persönlicher Favorit ist eine Einführungsstunde mit einem großen Koffer vollgepackt mit Utensilien und Bildern von Anglizismen. Ich selbst habe diese Form einer Stunde bereits mehrfach gehalten, jedes Mal mit durchschlagendem Erfolg[1]. So könnte die Stunde aussehen:

Die Lehrkraft begrüßt die Kinder auf Englisch, stellt sich vor und erklärt, dass heute der große Tag ist, an dem sie mit dem Englischlernen beginnen wollen.

Dann zeigt die Lehrkraft den Schülerinnen und Schülern einen Koffer und bittet eines der Kinder (in Englisch, dazu Mimik und Gestik einsetzen), den Koffer zu öffnen und einen Gegenstand/ein Bild[2] herauszunehmen. (*"Look what I've brought you today. Can you come to the front and open the suitcase? Take one thing out, please."*)

Das Kind darf den Gegenstand hochhalten und die Lehrkraft fragt (Achselzucken): *"What's this?"* Da es sich bei dem Inhalt des Koffers durchweg um Dinge/Bildwörter handeln sollte, die den Kindern geläufig sind, wird es in dieser Phase nicht schwer sein, die Kinder zur Mitarbeit zu motivieren. Bereits in dieser Phase sollte man darauf achten, dass die Kinder die Phrase *What's this*? verstehen und man sollte versuchen, sie durch eine Handbewegung und indirekte Korrektur (*"Yes, ... This is a ..."*) dazu zu animieren, bereits im ganzen Satz zu antworten (*"This is a ..."*).

Um die einzelnen Kinder in dieser Anfangsphase nicht zu überfordern bzw. um auch auf die schüchternen Schülerinnen und Schüler eingehen zu können, sollte man in dieser ersten Vokabeleinführung auf die Echomethode zurückgreifen, bei der die Lehrkraft das Wort/den Satz vorspricht und alle Kinder (später dann nur die Jungen/Mädchen, alle mit/ohne Brille, alle blonden/brünetten Kinder, etc.) zum Wiederholen auffordert. Auch hier sollte man das Vorsprechen variabel gestalten und beispielsweise den Satz zuerst laut und deutlich sagen (wichtig, damit jedes Kind das neue Vokabular auch wirklich richtig gehört hat!), dann vielleicht „singen", flüstern etc.

Nachdem die Wörter mehrfach wiederholt worden sind, kann man bereits *What's missing?* (vgl. S. 45 f.) spielen. Am Ende der Stunde (und auch währenddessen) kann man den Kindern dann „nebenbei" sagen, dass man denkt, dass man gar nicht wiederkommen muss, da die Kinder die Wörter ja bereits alle kennen.

Als kleine ‚Hausaufgabe' kann man die Kinder bitten, bis zur nächsten Stunde Bilder von englischen Dingen aus Zeitungen auszuschneiden und mitzubringen. Mit diesen Bildern kann man dann gemeinsam ein Plakat gestalten und es im Klassenraum aufhängen und somit eine Art *English Corner* initialisieren, die man im Laufe der Zeit stetig erweitern kann.

In den kommenden Stunden eignen sich dann die Themen ‚Zahlen' und ‚Farben' gut für die

Kinder. Im Mathematikunterricht haben sie bereits die Zahlen bis zehn gelernt und können diese nun auch in der Fremdsprache lernen. Hierzu eignet sich das Lied *Ten Little Fingers*[3] besonders gut, bei dem man die Zahlen an den Fingern zeigen lässt. Auch kleine Rechenoperationen können nun auf Englisch erlernt werden, was eine Integration der Fremdsprache in den Mathematikunterricht ermöglicht.

Im Anschluss an die Zahlen kann man die Farben mit den Kindern lernen. Auch hier gibt es unzählige Lieder, die man sogar ‚schriftlich' festhalten kann, indem man sie von den Kindern malen lässt. Die gemalten Lieder können die Kinder nun zu Hause vorstellen und die Eltern bekommen einen Einblick in die schulische Fremdsprachenarbeit. Beherrschen die Kinder die Farben, lassen sich ab diesem Zeitpunkt zu jedem beliebigen Thema kleine Farbendiktate machen (*"Colour the apple red"*), um das Hörverstehen der Kinder zu testen.

Nach den Zahlen und Farben kann man im Grunde jedes denkbare Thema aus dem Lebensumfeld der Kinder wählen. Gut eignen sich hier insbesondere die Früchte, da man sie sowohl in Form von Bildkarten als auch als Realia mitbringen kann. Anhand der Früchte kann man die Zahlen und Farben wiederholen (*"What colour is the apple?" "There are two bananas."* etc.) und man kann das Spiel *Fruit salad* einführen. Man sollte zunächst nicht mehr als fünf verschiedene Früchte einführen und wenn möglich entweder heimische Früchte nehmen oder solche, die dem Wortlaut des Deutschen ähnlich sind (siehe KV 15a–e, S. 81ff.).

Viele Lehrwerke wie *Ikuru*, *Green Keystones* oder *Sally* haben eine bestimmte Identifikationsfigur in Form eines Tieres oder – wie bei *Ginger* – in Form eines Kindes, die den Schülerinnen und Schülern den Einstieg in die Fremdsprache erleichtern soll. Sowohl zu Beginn des Fremdsprachenlernens als auch während des gesamten Lernprozesses taucht diese Figur immer wieder auf und soll den Kindern die englischsprachige Welt näher bringen. Zu diesem Zweck gibt es die Hauptfigur eines Buches auch stets als Handpuppe. Der Einsatz einer Handpuppe im Fremdsprachenunterricht hat, wie jede andere Methode auch, seine Vor- und Nachteile. Zum einen sind Handpuppen ungemein motivierend für die Kinder, da sie weich und niedlich sind und die Schülerinnen und Schüler zum Spielen anregen. Zum anderen „beherrschen" diese Handpuppen natürlich immer nur die Zielsprache und „zwingen" die Kinder so zum Gebrauch der Fremdsprache. Mit einer Handpuppe zu sprechen fällt den Kindern auch oft leichter als mit der Lehrkraft zu reden. Die Puppe kann von ihren Abenteuern erzählen oder wie man bestimmte Feste in ihrem Heimatland feiert oder welche Kleidung man dort trägt. Die Figur kann Postkarten aus verschiedenen Ländern „schreiben" oder Souvenirs mitbringen, die wiederum Anlass zu neuen Unterrichtsthemen geben.

Allerdings ist der Umgang mit einer Handpuppe für die Lehrperson nicht ganz einfach und muss im Vorfeld geübt werden. Um die Puppe wirkungsvoll einsetzen zu können, muss man seine Stimme verstellen und die Bewegungen der Puppe auf die eigenen Bewegungen abstimmen können. Man darf nicht vergessen, dass man, wenn man eine Handpuppe benutzt, selbst nur noch eine Hand zur Verfügung hat.

Die Handpuppe selbst sollte zwar mit den Händen/Pfoten greifen können, nicht aber mit dem Mund oder gar dem ganzen Körper. Die Puppe darf auch nicht plötzlich ins Deutsche verfallen. Die Dialoge zwischen der Puppe und der Lehrkraft müssen daher gut geübt werden. Auch erfahrene Fremdsprachenlehrerinnen und -lehrer tun sich zuweilen mit der Handpuppe schwer und müssen zu Hause vor dem Spiegel üben. Wir raten zum Selbstversuch – denn der Einsatz von Handpuppen ist insbesondere dann, wenn es um die Einführung von Dialogen geht (vgl. S. 29), nahezu unerlässlich.

Jetzt bleibt uns nur noch, Ihnen und Ihren jetzigen und zukünftigen Schülerinnen und Schülern viel Spaß und viel Erfolg beim Englischunterricht zu wünschen! *Goodbye!*

[1] Einmal habe ich es sogar erlebt, dass eines der Kinder nach der Stunde zu mir kam und sagte: „Du, Frau Urban, gestern konnte ich noch kein Englisch. Aber heute, da kann ich's."

[2] Besonders gut eignen sich Kleidungsstücke wie Jeans, T-Shirt und Pullover, da man diese alle zu Hause im Schrank hat (niedlich ist es auch, wenn man entweder Puppenkleider mitbringt oder den eigenen Kleiderschrank plündert und die Kinder bittet, die Sachen anzuziehen ...), oder Stofftiere wie Teddy oder Mickey Mouse, Freizeitgeräte wie Inline Skates, Skateboard, Mountainbike und Computer oder auch Lebensmittel wie Hot Dog, Muffin oder Hamburger sind weitere den Kindern bekannte Anglizismen.

[3] One little, two little, three little fingers, four little, five little, six little fingers, seven little, eight little, nine little fingers, ten fingers on my hands.

Weiterführende Literatur

7

Diehr, Bärbel & Jutta Rymarczyk, 2008, „Zur Basis von Lese- und Schreibversuchen in Klasse 1 und 2. ,Ich weiß es, weil ich es so spreche'". *Grundschulmagazin Englisch – The Primary English Magazine*, Heft 1, 6–8.

Goddard, Cliff, 2002. "The search for the shared semantic core of all languages". In: Cliff Goddard & Anna Wierzbicka (Hrsg.), *Meaning and Universal Grammar – Theory and Empirical Findings*. Amsterdam: Benjamins, 5–40.

Krashen, Stephen D., 1985, *The Input Hypothesis: Issues and Implications*. London: Longman.

Krashen, Stephen D., 1987, *Principles and Practice in Second Language Acquisition*. Englewood Cliffs: Prentice-Hall International.

Lewis, Michael, 1993, *The Lexical Approach: The State of ELT and a Way Forward*. Hove: Language Teaching Publications.

Lewis, Michael, 1997, *Implementing the Lexical Approach*. Hove: Language Teaching Publications.

Mindt, Dieter, 2008, „Regelgeleitetes Lernen – Können Grundschulkinder im Englischunterricht Grammatik lernen?" *Grundschulmagazin Englisch – The Primary English Magazine*. Heft 2, 6–8.

Niemeier, Susanne & Monika Reif, 2008, "Making progress simpler? Applying cognitive grammar to tense-aspect teaching in the German EFL classroom". In: Sabine de Knop & Teun de Rycker (Hrsg.), *Cognitive Approaches to Pedagogical Grammar*. Berlin: Mouton de Gruyter, 225–255.

Piepho, Hans-Eberhard, 1992, *Englisch in der Grundschule*. Bochum: Ferdinand Kamp.

Piepho, Hans-Eberhard, 2000, "Story telling – which, when, why". In: Bleyhl, Werner (Hrsg.), *Fremdsprachen in der Grundschule. Grundlagen und Praxisbeispiele*. Hannover: Schroedel, 43–55.

Postovsky, Valerian A., 1982, "Delayed oral practice". In: Robert W. Blair (Hrsg.), *Innovative Approaches to Language Teaching*. New York: Newbury House, 67–76.

Rohde, Andreas, 2001, „Je früher, desto besser: Zweisprachige Erziehung im Kindergarten". In: Anderwald, K. et al. (Hrsg.), *Kärnten-Dokumentation. Band 17: Perspektiven zweisprachiger Erziehung und Bildung*. Klagenfurt: Verlag Land Kärnten, 175–189.

Schmid-Schönbein, Gisela, 2008 *Didaktik und Methodik für den Englischunterricht*. Berlin: Cornelsen Scriptor.

Singleton, David & Lisa Ryan, 2004^2, *Language Acquisition: The Age Factor*. Clevedon: Multilingual Matters.

Southgate, Victoria & Kerstin Meints, 2000, "Typicality, naming, and category membership in young children". *Cognitive Linguistics* 11–1/2, 5–16.

Wright, Andrew, 1995, *Storytelling with Children*. London: Oxford University Press.

Bildquellenverzeichnis

Titel A. Leins; S. 17 E. Ammermann; S. 51 picture-Alliance; S. 52 o. re. Michael J. Fabian, Hannover; S. 52 Mi. o. und u. re. panthermedia; S. 52 u. re. Ralf Niemzig/Visum; S. 53 o. re., Mi. o. und u. re. panthermedia; S. 53 u. re. Caro/Sorge; S. 55 bpk; S. 62 Sächsische Landes-, Staats- und Universitätsbibliothek Dresden/Deutsche Fotothek; S. 63 o. bpk; S. 64 o. ullsteinbild; S. 64 u. picture-Alliance; S. 65 ullsteinbild; S. 66 u. picture-Alliance; S. 67 ullsteinbild; S. 68 o. picture-Alliance; S. 68 u. ullsteinbild; S. 69 u. picture-Alliance; S. 70 picture-Alliance.